目から鱗の日本古代史

横地 実

YOKOCHI Minoru

文芸社

目次

第一章　大和盆地を統一したのは神武天皇ではなかった

1. 卑字は蔑みの言葉、戦いの敗者に使われる

古代の日本は倭《わ》と呼ばれた。これは日本人が付けた名ではなく、当時の大陸を支配していた漢人の王朝が付けた名である。

漢人は自分たちが世界の中心であって周囲は野蛮人であるとの考え方から、西戎《せいじゅう》、北狄《ほくてき》、東夷《とうい》、南蛮《なんばん》と、四方に住む民族を蔑視していた。それゆえ、糞尿を意味する濊《わい》とか匈奴《きょうど》など、周囲に住む民族に名を付ける際には蔑みの意味を込めて卑字を使った。

日本の「倭」も、「従うさま」とか「従順なさま」という意味とのことだが、古代の中国においては「醜い」とか「曲がっている」という意味もあったようである。

翻って、日本の古典である『古事記』『日本書紀』においても、例えば〝土蜘蛛《つちぐも》〟とか〝尾のある人〟などのように、たまに驚くような言葉、文字が名前に使われている場合がある。そうした卑字が使われる場合、漢人が我々の祖先を蔑んで倭と呼んだように、何らかの意図があるのではないかと考えるのが自然なことだと思う。場合によっては、そこには『古事記』『日本書紀』を読み解く鍵が隠されているのかもしれない。

最初に、卑字の使われ方とそれに関連する初期天皇の后、妃の立て方を分析することにより、大和国家の成り立ちに従来の常識・通説を覆す新たな視点を提示したいと思う。

大国主神《おほくにぬしのかみ》といえば出雲大社の祭神であり、『記・紀』にはいろいろな物語が描かれている。

『古事記』においては大国主神、大穴牟遅神《おほあなむぢのかみ》、八千矛神《やちほこのかみ》、宇都志国玉神《うつしくにたまのかみ》、葦原色許男神《あしはらしこをのかみ》（『書紀』では葦原醜男神）と、合わせて五つの名を持っている。『書紀』ではさらに大物《おほもの》主神《ぬしのかみ》、大国玉神《おほくにたまのかみ》と合わせて七つの名を持つとされている。

問題は、『古事記』では葦原色許男、『日本書紀』では葦原醜男とされる神についてである。葦原色許男について、岩波文庫本の『古事記』（倉野憲司　校注　一九六三年）の脚注には、「葦原中つ国の醜い男の意」とある。表示された言葉の意味そのものの脚注である。小学館『日本古典文学全集1・古事記　上代歌謡』（荻原浅男・鴻巣隼雄　校注・訳）では「葦原中国の勇猛な男」、同じく『日本書紀』では、「葦原は葦が生い茂っている地上の国、そこに生活する頑強な男」と注記されている。岩波書店『日本古典文学大系・日本書紀』においても、「シコは善きにも悪しきにも頑強で強いこと、従ってシコ男とは強い男の意」という脚注となっている。

こういう考え方は、上田正昭の岩波新書『日本神話』（一九七〇年）における、「アシハラシコヲのシコヲは、死後の国とされた黄泉の国のシコメ（泉津《よもつ》醜女）と同じで、黄泉の国を『醜《しこ》めき穢《きたな》き国』と表現するシコと、天忍穂耳が国つ神の蛮居する葦原の中つ国を『しこめき国』と呼んだシコ（神代下第九段第一の一書）が重なっており、それは荒ぶる神の代表としてのシコヲであった」との記述などを踏まえての脚注であると思われる。

ただし、『日本書紀』の中には「しこめき」という表現はあっても「荒ぶる」という表現はない。この点は、『古事記』葦原中国平定の段における「この葦原中国に道速《ちはや》振《ぶ》る荒《あら》振《ぶ》る国つ神どもが多《あま》た在るを以為《おも》ふに」とあるところからの発想だと考えられる。

従って、「荒ぶる」から「頑強で強い」という意味を持ってきているのだが、「醜」と「荒ぶる」をつなげること自体がかなり難しいことなので、「頑強で強い」の意味にまで拡大することはやや飛躍し過ぎと思われる。

実際、『万葉集』にも「醜《しこ》」を含む歌が以下の四首あるが、岩波文庫本『万葉集』の訳では、いずれも醜い、頼りない、つたないなどの意とされており、頑強なとか強いとかの意味は見いだせない。

（参考）一一七番　……大夫《ますらを》や片恋ひせむと嘆けども醜の大夫なほ恋ひにけり　舎人親王

……ふがいない男

三二七〇番　……うち折らむ醜の醜手を……　作者不詳

……へし折ってしまいたいような醜いきたない手を

四〇一一番　……狂れたる醜つ翁の……　大伴家持

……気が狂った醜い老人

四三七三番　……今日よりは顧みなくて大君の醜の御楯と出で立つわれは　下野の国の防人の歌(1)

……御楯の末となろうと

本来、「醜」という文字には、みにくい、わるい、悪者、にくむ、はじる、恥をかかせる、はじ、くらべる、類《たぐい》などの意味はあるものの、勇猛、頑強、強いという意味はない。だから、「葦原醜男」との表記から、強い男、頑強な男という意味を汲み取ることにはかなりの無理がある。

「醜」はあくまでも醜いことであって、そこに強いという意味はない。言葉どおりに読めば、岩波文庫本『古事記』の「葦原中国の醜い男」と理解することが正しいと思われる。一般的に考えるならば、「醜男」あるいは「色許男」とは「醜い男」という意味で、いわば蔑みの言葉である。相手を蔑み卑しむときの言葉である。

『日本神話』(岩波書店)において上田正昭が「アシハラシコヲとは、高天原から命名された神の名であった」といみじくも言っているように、大国主神は高天原の側から、醜い男と蔑まれて呼ばれていた一面も持っていたと理解したほうが論理的ではないだろうか。

では、なぜ「醜い男」と蔑まれたのだろうか？

それは大国主神が戦いに敗れた側の王であったからだ。『古事記』では、大国主神は高天原の天照大御神に国譲りしたことになっている。国譲りとは神話的な表現であって、実際には戦いに負けたからこそ、その結果として国譲りをせざるを得なかったということである。

その戦いの経緯は、天照大御神の命により高天原から派遣された建御雷神《たけみかづちのかみ》と天鳥船神《あめのとりふねのかみ》が出雲の伊耶佐《いざさ》の小浜《をはま》に降り到り、十掬《とつか》の剣を抜きて逆《さか》まに波の穂に刺し立てて、その剣の切っ先に胡座《あぐら》を組んで座り大国主神に問い質したという『古事記』の記述から十分に想定される。

天鳥船とはまさに船団のことで、建御雷神は軍勢を率いて出雲にやって来たことを暗示している。剣の切っ先に胡座をかいて座るとは、まさに戦いの勝者の姿を描いた表現ではないだろうか。

大国主神は自分の子である八重事代主神に「此の国は天つ神の御子に奉らむ」と言わせて国を譲ることになった。つまり敗北を認めたということである。

ただ、もう一人の子とされる建御名方神《たけみなかたのかみ》が「力競べをしよう」と戦いを挑んできたので、建御雷神は建御名方神を諏訪湖まで追い込んで降伏させたことになっている。建御雷神のほうが大国主神を武力で圧倒したということである。

その結果、大国主神は敗北した王であるがゆえに、醜い男、すなわち色許男《しこを》と後々まで蔑まれて呼ばれるようになった。

残念ながら、「醜男」を卑字として理解した上でこの大国主の国譲りの物語を分析した歴史学者は一人もいないように思う。卑字は蔑みの言葉で、戦いの敗者に向けて使われることを常とする。これが『記・紀』の謎を解くための第一の鍵である。

2. 戦いに敗れた一族は女を差し出す

『古事記』の第三代安寧天皇の段に、

「(安寧天皇の子である)師木津日子命《しきつひこのみこと》の子、二はしらの王坐《みこいま》しき。一人の子孫は(注…ここは岩波文庫本に従う。『日本古典文学全集』本では『一人の子、名は孫《うまご》』と解釈している)、伊賀の須知《すち》の稲置《いなき》、那婆理《なばり》の稲置、三野《みの》の稲置の祖。一人の子、和知都美命《わちつみ》は、淡道《あわぢ》の御井宮《みゐのみや》に坐しき。この王二はしらの女《むすめ》あり。兄の名は蝿伊呂泥《はえいろね》、亦の名意富夜麻登久邇阿礼比売命《おほやまとくにあれひめ》。弟の名は蝿伊呂杼《はえいろど》なり」との記述がある。そして、第七代孝霊天皇の段では、この二人の比売《ひめ》は孝霊天皇の妃とされ、それぞれ子を産んだとの記述がある。

また『日本書紀』では「妃倭国香媛《みめやまとくにかひめ》、亦の名は絚某姉《はえいろね》、亦の妃絚某弟《はえいろど》」という表現がある。つまり、和知都美命の娘二人は「蝿」と呼ばれていたことになる。蝿の姉と蝿の妹、まさに「蝿の姉妹」ということだが、これは何を意味するのだろうか。

前述の「色許男」あるいは「醜男」については、強い男という意味を持つとの説明があったものの、この「蝿の姉妹」については、歴史学者による当を得た解説というものは見たことがない。

例えば、歴史学者の吉田晶は『吉備古代史の展開』（塙書房　一九九五年）の中で次のように述べている。

「キビツヒコが孝霊の子として帝紀に定着したという事実を前提にして、吉備氏の祖が孝霊の子としての位置を占めるようになる。そのことはワカタケヒコの母がキビツヒコの母であるヤマトノクニカヒメの妹のハエイロドであり、キビツヒコとワカタケヒコが異母兄弟であるという形をとって系譜的には完成するわけである。注意したいのはハエイロドなる女性である。ハエイロドなる人名は固有名詞としてはなじまぬ点がある。ハエに南風の意味を考える一説もあるが、ハエは元来弦や縄を張るの意であり、密接につながるという意味を持つ古語である。この女性はキビツヒコの母であるヤマトノクニカヒメにつながるわけで、その同母姉妹であることを強調するものであったと理解すべきだ。つまり定型化していた帝紀をもとにして、ワカタケヒコとキビツヒコを結合させるべく造作された人名としてハエイロドを考えることができるのではないか」

吉田は『書紀』の〝絙某弟〟だけを見て『古事記』の〝蠅伊呂杼〟を見なかったのだろうか。〝絙某弟〟が〝蠅伊呂杼〟であるならば、つながりを強調云々《うんぬん》と考える前に〝蠅の妹〟という言葉が浮かばなかったのだろうか。

実際に吉田は「ハエイロドなる人名は固有名詞としてはなじまぬ点がある」と違和感を

持っている。であるなら〝絙〟は『古事記』では〝蠅〟であるので〝絙〟は〝蠅〟であると、なぜ考えられなかったのだろうか。

蠅伊呂杼とは蠅の妹であり、国香媛あるいは阿礼比売は〝蠅の姉〟と呼ばれていたことは明らかなことである。つまり孝霊天皇の妃は〝蠅の姉妹〟と呼ばれていたのである。

ところで、一般に人が蠅と呼ばれることは極めて異常なことである。ましてや天皇の曽《ひ》孫《まご》という王族の一員である比売たちが、蠅と呼ばれるようになるにはよほどの事情があったと考えざるを得ない。人を蠅と呼ぶということは、その人を蔑み、卑下していたことになる。この和知都美命の娘である二人の比売は、なぜ卑下され、蔑まれていたのだろうか。

19ページの**系図1**にあるように、初代の神武天皇（神倭《かむやまと》伊波礼毘古《いわれびこ》命）から第五代の孝昭天皇まで、その后や妃はすべて大和の国の中に力を持っていた豪族、具体的には師木《しきの》県主《あがたぬし》及び尾張連《をはりのむらじ》の娘である。

『古事記』によれば、初めて王族を妃として迎えるのは第六代孝安天皇の忍鹿比売である。神武天皇が九州から東遷し大和に入って王となったことから考えれば、旧来の大和の豪族との強固な関係を作るためには、その豪族たちと姻戚関係を結ぶことが何よりも重要と考えられたに違いない。神武の后であった伊須気余理比売《いすけよりひめ》は、大物主神と勢夜陀多良比売《せやだたらひめ》の娘とされているが、『日本書紀』では師木県主の祖である河俣毘売《かわまたびめ》と姉妹とされていることから、伊須気余理比売も実際は師木県主の一族と考えてもよいと思われる。

従って、神武以降の初期天皇の時代には王族から后や妃を迎えることはむしろ異例なことであって、その場合は何らかの事情が背景にあると考えるべきではないだろうか。

つまり、何らかの争いがあり、争いに敗れた側が降伏の証しとして、娘や兄弟あるいは姪《めい》など一族の女を差し出したと考えることが自然な推定であると思う。

孝霊天皇の妃とされた「蠅の姉妹」の場合は、父親の和知津美命かあるいはその一族が、孝霊天皇あるいはその父親である孝安天皇と争って敗れたことにより、和知津美命は娘を差し出さねばならなくなったに違いない。だからこそ、二人の比売は戦いに敗れた一族の娘ということで、「蠅の姉妹」と蔑んで呼ばれたのである。

ちなみに、蠅の姉妹は孝霊天皇の妃であるが、『日本書紀』によれば、格上の后には旧来からの豪族である十市県主の娘である細比売《ほそひめ》が立てられている。恐らく、師木津日子命の子で和知津美命と兄弟になるけれど、『古事記』には名前が記されていない人物が、孝安天皇や孝霊天皇と争った中心人物であって、敗北したために名前すら記憶されなかったのではないかと考えられる。

さらに注目すべき点は、ここで師木県主ではなく十市県主の娘が孝霊天皇の后となっていることである。神武天皇以来、常に王族と姻戚関係を持っていた師木県主の一族の名が、第五代の孝昭天皇以後まったく『古事記』には出てこなくなる。

十市県主は師木県主と同族であるとの論もあるが、記述されているのはあくまでも十市県主であって師木県主ではない。恐らく師木津日子命の系統は、その名前からして師木県主の一族と強いつながりがあったものと考えられる。

従ってこの時期の師木県主は、師木津日子命の子である名の無い王に味方して、孝安天皇あるいは孝霊天皇と争ったものと推察される。その結果、戦いに敗れたことにより、師木県主の一族も師木津日子命の子と同様に没落していったに違いないであろう。

その傍証として指摘できるのが、綏靖《すいぜい》天皇や次の安寧天皇に妃を出している師木県主波延という人物のことである。「波延」と書いて「はえ」と読む。この人物も「蝿」と呼ばれていた可能性がある。もちろん当初は異なった名であったと思われるが、師木津日子命系統の事件の影響により「はえ＝波延」と記録されたのではないかと考えられる。

この波延についても、本来は「蝿」であった可能性が非常に高いと思われる。

3. 誰が、いつ、大和盆地を統一したのか

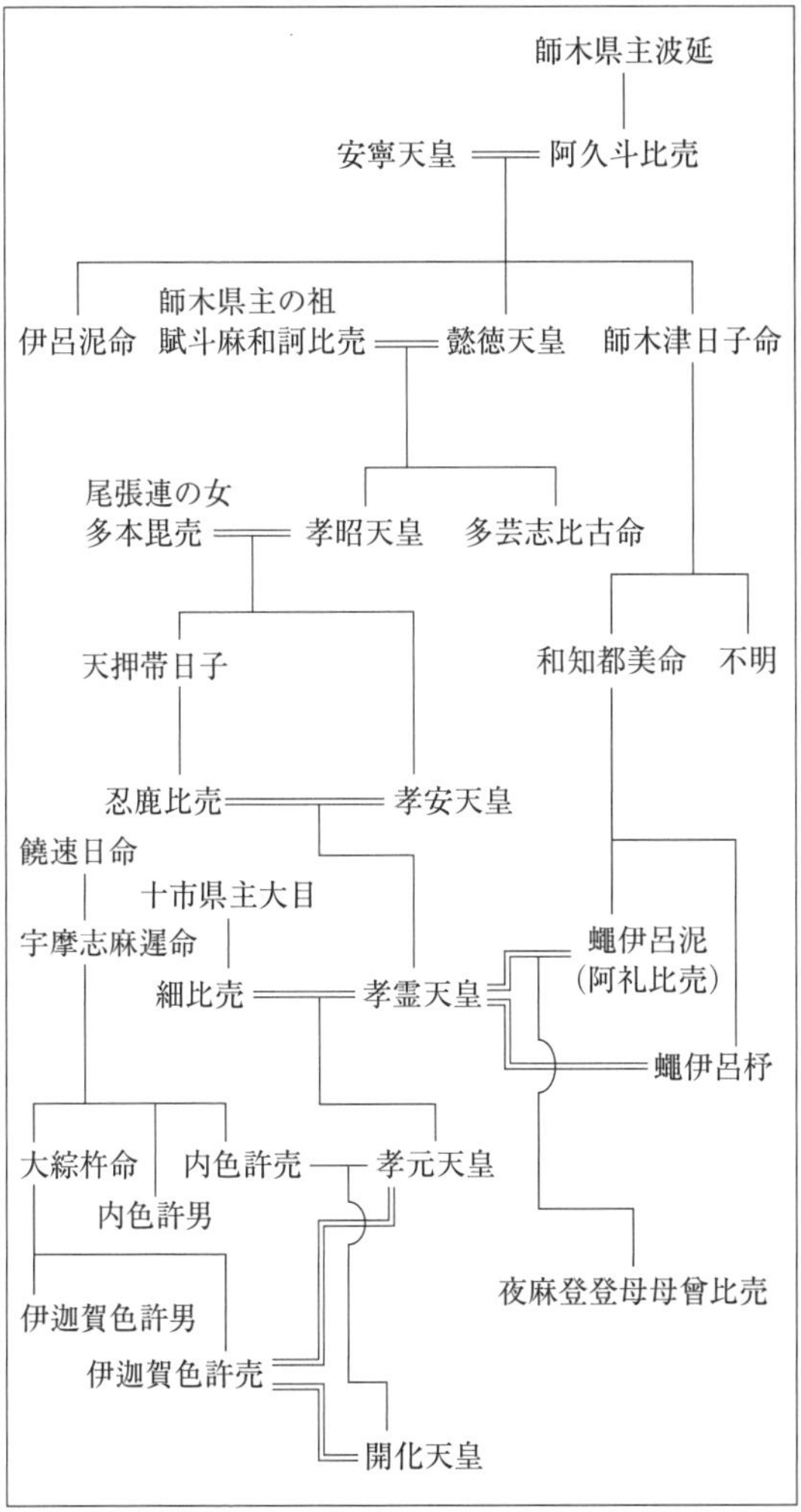

系図１　第三代安寧天皇から第九代開化天皇の系図
（筆者作成）

また、第八代孝元天皇、第九代開化天皇の段に、内色許男命《うつしこを》（『書紀』では欝色雄命《うつしこを》）の妹、内色許売命《うつしこめ》（『書紀』では欝色謎命《うつしこめ》）や内色許男命の姪である伊迦賀色許売命《いかがしこめ》（『書紀』では伊香色謎命《いかがしこめ》）の記述がある（注：『古事記』では内色許男と伊迦賀色許売は親子とされているが、『先代旧事本紀《せんだいくじほんき》』では弟の大綜杵《おおへそき》の子で姪となっている）。そして伊迦賀色許売命の兄は伊迦賀色許男命と呼ばれている。

色許男・色雄と色許売・色謎は、それぞれ醜男と醜女のことである。内色許男・内色許売、伊迦賀色許男・伊迦賀色許売と、なんと、一族の二世代にもわたって醜い男、醜い女と呼ばれていたことになる。

二世代にわたって蔑まれ侮られていたということは、当然、尋常ではない背景があったものと想定される。従って争いに敗れた側に使われる卑字使用の原則からここで分かることは、内色許男・内色許売の一族が孝霊天皇もしくは孝元天皇と戦って敗れたということである。敗れたゆえに醜男・醜女と蔑まれた上に、妹や姪を勝者である孝霊天皇・孝元天皇に差し出さなければならなかったわけである。

さらに、ここには極めて重要な問題が隠されている。『古事記』では内色許男命や伊迦賀色許男命は穂積臣《ほづみのおみ》、物部連の祖とされているが、さらにその祖先は『先代旧事本紀』によれば宇摩志麻遅命《うましまぢ》となっている。そして宇摩志麻遅命は邇芸速日命《にぎはやひのみこと》（『書紀』では饒《にぎ》速日命《はやひのみこと》、以降「饒速日」を使用）の子とされている。

『古事記』の神武天皇の東征の段の最後のところで、「邇芸速日命、登美能那賀須泥毘古《とみのながすねびこ》（『書紀』では長髄彦《ながすねひこ》、以降「長髄彦」を使用）が妹、登美夜毘売（『書紀』では三炊屋媛《みかしきやひめ》）を娶して生める子、宇摩志麻遅命。こは物部連、穂積臣の祖なり」とある。すなわち、内色許男命や伊迦賀色許男命は饒速日命の子孫ということになる。

饒速日命とは、神武天皇よりはるか前に九州の遠賀川《おんががわ》流域から河内、大和へ東遷してきた一族、つまり物部氏の先祖の長である。それゆえ、神武天皇と同じく天孫の部類に入る一族でもある。その一族が大和へ入り、先住民と良好な関係を築き、饒速日命は先住民の長である長髄彦の妹を妃として迎えるまでになった。

饒速日命（物部氏）の東遷の時期については諸説あるが、筆者は、西暦五〇年から一〇〇年の間、玄界灘の覇権を巡る博多湾沿岸諸国との争いに敗れて、やむなく東に向かって移動したものと考えている。

『古事記』『日本書紀』では、若御毛沼命《わかみけぬ》が兄の五瀬命《いっせ》と共に日向から、豊国、筑紫、安芸、吉備と東遷して大和に入り、最終的に饒速日命が若御毛沼命に降伏することにより、神倭伊波礼毘古命（神武天皇）として、畝傍《うねび》の白檮原《かしはら》に宮を造り天の下治らしめすことになっている。

このことは日本国家の起源として誰もが知っていることと言ってもいい。つまり、物部一族は神武天皇に降伏したこととされ、そこで神倭伊波礼毘古命が大和盆地を統一したことになっている。

しかしながら、先に述べた「色許男、色許女」の卑字使用の事例からすれば、物部氏が降伏したのは、物部氏側では内色許男命の世代かあるいは内色許男命の親の世代のことであり、天皇家側からすれば孝霊天皇か孝元天皇の時代ということになる。

第五代の孝昭天皇は、尾張連の祖、奥津余曾《おきつよそ》の妹、余曾多本毘売《よそたほびめ》を娶《めと》っている。尾張連とは饒速日の子である天香語山命《あめのかごやまのみこと》の子孫であり、広い意味で物部氏の一族といっても過言ではない。

この記事は、その尾張連が孝昭天皇に娘を差し出したことを意味しており、物部氏の縁戚の一族がすでに孝昭天皇の時代に降伏していることが記録されている。すでに物部氏の降伏へのカウントダウンが始まっていたといってもいい。そして第七代の孝霊天皇の時に、物部氏の本宗が降伏することになったものと考えられる。

神武東征説話の中では、長髄彦が神武天皇に最後まで抵抗した人物として伝承されている。これは民俗学者である谷川健一が指摘したことであるが、『先代旧事本紀』天孫本紀の中の宇摩志麻遅命の系譜の中に、「内色許男命は活馬長沙彦《いくめのながさひこ》の妹、芹田真稚媛《せりだのまわかひめ》を娶り」との記述がある。『記・紀』では登美の長髄彦が最後まで神武天皇に抵抗したとされているが、それはこの活馬長沙彦（活馬とは生駒のこと）の活躍が伝承化されたものではないだろうか。

内色許男命と長沙彦とその妹芹田真稚媛との関係は、饒速日命と長髄彦とその妹登美夜毘売との関係によく似ている。このことは、饒速日命を祖先とする物部一族は、内色許男命の時代に孝霊天皇か孝元天皇に降伏したとの判断にもつながる。

『記・紀』の説話においては、内色許男命や孝霊天皇の時代のことが、それぞれ始祖とされる饒速日と神武天皇の時代のこととして伝承されているといえる。大和盆地の先住民である物部一族が降伏したのは、本来は内色許男命と長沙彦の時代であったけれど、一族の象徴である饒速日命が降伏した形で伝承されたということである。

このことは、九州（日向の投馬国）から東遷した勢力と大和盆地内の先住族との戦いは、初代の神武天皇から第七代孝霊天皇の時代まで続いていたことを示している。神武天皇は大和盆地内を平定・統一したわけではなく、大和盆地に新たに侵入して確固たる政治勢力を作り上げた天皇という位置づけになるのではないだろうか。それゆえ、神武天皇について『日本書紀』は「始駆天下之天皇《はつくにしらすすめらみこと》」との称号を記しているが、『古事記』にはそうした記述はない。

このことはまた、各天皇の宮が置かれたところの変遷からも推定されるところである。

神武天皇から第六代の孝安天皇までは、基本的に南葛城郡の御所市《ごせ》に宮が置かれていた（神武の宮は橿原《かしはら》ではなく御所市柏原と考える）。安寧と懿徳《いとく》の宮は、大和高田市と橿原市であり南葛城郡の北に位置しているが、大和盆地全体から見れば平野部の南西地域にとどまっている。しかし、第七代の孝霊になると平野部の中心地域である田原本町の黒田まで進出する。第八代の孝元は橿原市まで一旦戻って来るが、南葛城郡までは戻っていない。そして第九代の開化に至っては、平野部北部、物部一族の本拠地である生駒、登美に近い春日の伊邪河《いざがわ》にまで進出する。

こうした点も踏まえれば、第七代の孝霊天皇の時代に物部一族が降伏したことにより、大和盆地の平定、統一が完了したと考えるのが妥当だと思われる。

神武天皇が大和盆地を統一、支配したという従来の通説に反して、孝霊天皇こそが大和盆地を統一したという歴史の真相を明らかにしたのは、まさに「醜男を示す色許男・色雄、醜女を示す色許売・色謎」という卑字使用であったと言えるだろう。

このように初期の天皇家が大和盆地全体を掌握していない時代においては、在地の豪族との連携が極めて重要であり、それに基づいた婚姻政策が取られるのが通常のことであった。従って、そういうときに同じ王族の中から妃を迎えることは、王族同士での争いに敗れた側が、降伏のしるしとして勝者の側に女を差し出したと考えたほうが妥当な歴史推定となる。まさに妃の立て方に『記・紀』を読み解く第二の鍵があると言える。

また、卑字は勝者が敗者を蔑む言葉であるが、『古事記』『日本書紀』でそれが判別できるということは、誰が勝者で誰が敗者であったかを明確に記録し、後世に残すために使用された言葉として理解すべきである。内色許売も伊迦賀色許売もそれぞれ孝元、開化の后となった女性である。生きている間の権勢、権力はかなり大きなものであったと思われる。しかし、それでもなお卑字が使われ、それが歴史に残されたということは、歴史の真実を伝承の中に的確に盛り込むという古代の人々の知恵によるものと理解すべきである。

ところが、いわゆる「欠史八代」における卑字使用の異常性について指摘した歴史学者はこれまで一人もいない。「蠅」とか「醜」とかの名を見て、何の違和感も持たなかったのか、不思議でならない。

4.『記・紀』の記述の異常さが歴史の真実を示す

私たちは『古事記』や『日本書紀』の記述において、日本の古代の人々の率直さ、天真爛漫さ、感情の豊かさというものに目を奪われがちであるが、こうした婚姻のありようや「醜い男」とか「蝿」などと記述されることの異常さに目を向ければ、そこに歴史の真実をさらに詳細に垣間見ることができる。

石舞台古墳は蘇我馬子の古墳が破壊されたものであり、蘇我馬子、蝦夷《えみし》、入鹿《いるか》などは死後に蔑んでつけられた名前である可能性（少なくとも卑字使用への切り替えが行われた）なども併せて考えると、『古事記』『日本書紀』にはそうした歴史の真実の記憶を、記録して残すという側面もあることに十分に留意する必要がある。そしてそれが把握できれば、ここまで述べてきたように古代史の見方にも大きな変化が生ずることも十分あり得ることになる。

例えば、欠史八代の実在性についての問題がある。日本の歴史学者のほぼ全員が欠史八代、綏靖から開化に至る八人の天皇の実在を否定している。教育研究機関において研究を行っている歴史研究者の中で、欠史八代の実在を肯定する学者はほとんどいない。いまだ見たことがないと言っても過言ではないように思う。

実在しないと考える理由については、『日本の歴史1 神話から歴史へ』（中央公論社）において、井上光貞によって簡潔に整理されている。

実在しないとされる理由の第一は、この八代の天皇には事績がまったく記されていないことである。事績が記されていないのは、この八代は『帝紀』だけに載っていて『旧辞』にはなかったということであり、確かに『帝紀』には記載されてはいたが、それが昔からの言い伝えかどうかは、はなはだ疑わしいからとしている。

実在しない第二の理由は、この八代の天皇の名ははなはだしく後世的であるからということである。次ページの**表1**にあるように、大倭日子、大倭帯日子、大倭根子日子、若倭根子日子などの美称を含んだ名は、七、八世紀の和風諡号《しごう》である大倭根子天之広野姫（持統）、倭根子豊祖父（文武《もんむ》）、日本根子天津御代豊国成姫（元明）、日本根子高瑞浄足姫（元正《げんしょう》）に似ている。従って、この美称の部分は『記・紀』の成立する頃に作られたことが確実であるからということである。

実在否定の第三の理由は、これら八代の天皇がみな父子の関係にあるということである。七世紀までの皇位継承は非常に複雑で、父子継承というような単純なものではなかったからということである。

表1　天皇の和風諡号…舒明以降は『書紀』の表記による

	漢風諡号	和風諡号（カタカナ）	和風諡号（漢字）
1	神武	カムヤマトイワレビコ	神倭伊波礼毘古
2	綏靖	カムヌナカワミミ	神沼河耳
3	安寧	シキツヒコタマテミ	師木津日子玉手見
4	懿徳	オホヤマトヒコスキトモ	大倭日子耜友
5	孝昭	ミマツヒコカエシネ	御眞津日子訶恵志泥
6	孝安	オホヤマトタラシヒコクニオシヒト	大倭帯日子国押人
7	孝霊	オホヤマトネコヒコフトニ	大倭根子日子賦斗邇
8	孝元	オホヤマトネコヒコクニクル	大倭根子日子国玖琉
9	開化	ワカヤマトネコヒコオホビビ	若倭根子日子大毘毘
10	崇神	ミマキイリヒコイニエ	御眞木入日子印恵
11	垂仁	イクメイリビコイサチ	伊玖米入毘子伊佐知
12	景行	オホタラシヒコオシロワケ	大帯日子淤斯呂和気
13	成務	ワカタラシヒコ	若帯日子
14	仲哀	タラシナカツヒコ	帯中日子
	神功	オキナガタラシヒメ	息長帯日売
15	応神	ホムダワケ	品陀和気命
16	仁徳	オホサザキ	大雀命
17	履中	イザホワケ	伊耶本和気命
18	反正	ミヅハワケ	水歯別命
19	允恭	ヲアサツマワクゴノスクネ	男浅津間若子宿禰
20	安康	アナホ	穴穂
21	雄略	オホハツセノワカタケル	大長谷若建

	漢風諡号	和風諡号（カタカナ）	和風諡号（漢字）
22	清寧	シラカノオホヤマトネコ	白髪大倭根子
23	顕宗	ヲケノイワスワケ	袁祁之石巣別
24	仁賢	オホケ	意富祁
25	武烈	ヲハツセノワカサザキ	小長谷若雀
26	継体	ヲホド	袁本杼
27	安閑	ヒロクニオシタケカナヒ	広国押建金日
28	宣化	タケヲヒロクニオシタテ	建小広国押楯
29	欽明	アメクニオシハルキヒロニハ	天国押波流岐広庭
30	敏達	ヌナクラノフトタマシキ	沼名倉太玉敷
31	用明	タチバナノトヨヒ	橘豊日
32	崇峻	ハツセベノワカサザキ	長谷部若雀
33	推古	トヨミケカシキヤヒメ	豊御食炊屋比売
34	舒明	オキナガタラシヒヒロヌカ	息長足日広額
35	皇極･斉明	アメトヨタカライカシヒタラシヒメ	天豊財重日足姫
36	孝徳	アメヨロズトヨヒ	天万豊日
38	天智	アメミコトヒラカスワケ	天命開別
40	天武	アマノヌナハラオキノマヒト	天渟中原瀛真人
41	持統	オホヤマトネコアメノヒロノヒメ タカアマノハラヒロノヒメ	大倭根子天之廣野日女 高天原広野姫
42	文武	ヤマトネコトヨオヲヂ アメノマムネトヨオヲヂ	倭根子豊祖父 天之真宗豊祖父
43	元明	ヤマトネコアマツミシロ トヨクニナリヒメ	日本根子天津御代 豊国成姫
44	元正	ヤマトネコタカミズキヨタラシヒメ	日本根子高瑞浄足姫

（筆者作成）

以上の三点が、井上光貞が整理した八代が実在しない理由である。多くの歴史学者の見解も概ねこの三点が中心となっている。

まず第三の父子継承という論点であるが、不思議に思うのは八人の天皇の実在を疑うような歴史学者が、八人が父子継承であるという『記・紀』の記述を全面的に信用していることだ。本来は兄弟間の継承もあったが、記録ではすべて父子継承とされたのではないかという疑問を持つ歴史学者はいないのだろうか?

確かに『記・紀』には、神武から成務まで父子間の直系相続と記されている。しかし、文字のない時代の親子関係についてそこまで正確に伝えられるかという点では大きな疑問がある。従って、『記・紀』の記事は血統のつながった父子の系統を記したものではなく、王統譜を伝えたものと考えられないだろうか。

王統譜とは、古代において王権がどのように引き継がれてきたのかを伝える極めて重要なものであった。例えば、『古事記』と『日本書紀』では神の系譜は大きく異なっている。『古事記』に登場する最初の神は天之御中主神であるが、『日本書紀』に最初に登場するのは国常立尊である。それ以下の神の系譜についても『古事記』と『日本書紀』では異なるところが多い。さらに『日本書紀』においても〝一書〟という形で神統譜についての異説が多く述べられている。

ところが、神武天皇から始まる王統譜については、『記・紀』を通じてもあるいは他の伝承を見ても異説はまったく見られない。古代より伝承されている日本の王統譜については、『記・紀』に記されている王統譜のほかには存在しないと言える。

神統譜でさえ多くの異説が伝えられているのに、王統譜にはなぜ異説が伝承されていないのだろうか。それは、一つの正しい王統譜だけが伝えられてきたからと考えるしかない。

それでもなお、あえて父子間の直系相続だとして実在否定の根拠とするならば、崇神《すじん》・垂仁《すいにん》についても、崇神は開化の子、垂仁は崇神の子という父子間の直系相続とされているので、崇神・垂仁の実在も否定されなければ論旨が一貫しないことになる。ところが、崇神・垂仁については実在するとの説がほぼ定説になっており、実在が否定されることはない。

例えば、実在否定論者が言うように、〝タラシ〟の諡号を持つ天皇は舒明《じょめい》・皇極朝の頃、〝ヤマトネコ〟の諡号を持つ天皇は持統・文武・元明朝の頃に造作されたとするならば、舒明朝以前に伝えられていた〝タラシ〟の諡号を持つ天皇が存在しない天皇系譜が伝えられていたり、あるいは〝ヤマトネコ〟の諡号を持つ天皇が存在しない天皇系譜が伝えられたりしていてもおかしくはないはずである。

しかし、日本の天皇系譜には異説はまったく見られない。それは日本の天皇譜・王統譜が、正しい一つの系譜を伝えてきているからである。古代においては、何よりも系譜が重視された。古墳の祀《まつ》りを行って首長霊を引き継いだ系譜が重要であったのだ。よって、父子継承がおかしいとの理由で八代の実在が否定されることには矛盾があると考える。

次に第二の論点である和風諡号の分析に入りたい。**表1**（28ページ～）は、神武から元正までの各天皇の名の一覧表である。漢風諡号は奈良時代に淡海三船《おうみのみふね》が撰定したとされているが、欠史八代の和風諡号については後世の天皇、具体的には持統天皇や文武天皇の「ヤマトネコ」や、舒明天皇や皇極天皇の「タラシ」を取って付けられた名であるとの説が広く行き渡っている。

京都大学名誉教授であった上田正昭は『倭国の世界』（一九七六年）において、「『古事記』や『日本書紀』における天皇名は、カムヤマトイワレヒコ（神武）とかミマキイリヒコイニエノミコト（崇神）とかのような和風の諡号で記されている。これらの和風の諡号は、マガリノオホエ（安閑）の殯に諡《おくりな》が献呈されてより以後にできあがったものであろう」と述べている。

また、大阪市立大学名誉教授であった直木孝二郎は、『日本古典文学大系・日本書紀』（一九九四年）の解説の中で、「神武のイワレヒコの名が生じたのは六世紀前半に継体天皇が磐余《いわれ》の玉穂に宮をおいて以後、数代の天皇が磐余の地を都とした時期であろう」と述べている。

そうであるなら上田正昭や直木孝二郎は、安閑天皇の父親である継体天皇のこの詔《みことのり》をどのように理解されていたのだろうか。
『日本書紀』継体天皇二十四年の条に、「磐余彦の帝《すめらみこと》、水間城《みまき》の王より、皆博物の臣、明哲の佐に頼りたまふ。故、道臣謨《ぼ》を陳べて、神日本《かむやまと》以ちて盛に、大彦略を申べて、胆瓊《いに》殖《え》用ちて隆にましましき。……と詔《みことのり》して曰《のたま》ふ」という記述がある。

天皇の詔である以上、記録されていて当然である。それゆえ、これは継体天皇の言葉として記録されていた文章と考えてもよい。つまり継体天皇の頃には、神武の「神日本」や崇神の「水間城」という称号が使われていたことを示していると言えるのではないだろうか。少なくとも、継体天皇は神武天皇のことを「神日本磐余彦」、崇神天皇のことを「水間城胆瓊殖」という名称で理解していたことは間違いのないことである。

そして継体天皇の頃に「神倭《かむやまと》」（注：日本という国号の成立は八世紀初頭）という美称があったのなら、その頃には「大倭根子」とか「若倭根子」の称号もあったと考えることは推論の当然の帰結である。

後世に付けられた名とする根拠としてよく挙げられるのが、この孝霊・孝元の「大倭根子」と開化の「若倭根子」という称号である。実は、この三人の天皇にはひとつの共通点がある。それは宮が置かれた場所である。

神武以降の各天皇は、第四代の懿徳を除いては大和盆地の南西部である南葛城郡（安寧は北葛城郡）に留まっていた。ところが第七代孝霊は磯城《しき》郡田原本町の黒田に宮を置いた。

大和盆地のほぼ中心部まで進出したと言える。第八代孝元は橿原市の畝傍町まで戻ってくるが、南葛城郡に比べれば中心部に近い開けたところに宮を置いている。その後の第九代開化に至っては、盆地の最北部である奈良市にまで進出している。

前項の「3．誰が、いつ、大和盆地を統一したのか」のところで、孝霊の時代に物部一族を降伏させて大和盆地を統一したと述べたが、まさに孝霊・孝元・開化は大和盆地全域を掌握支配した天皇と言える。

「根」という語には、植物の根から発展した「もの、みなもと、根源、根拠」などという意味がある。小学館『日本古典文学全集・日本書紀』には、根子については、「国の根幹的な存在を意味する」との注がある。「大倭根子日子」の称号については、大和盆地をしっかり支配した国の根幹的な存在であるという意味での大地の子、かつ太陽である日の子という意味を込めて付けられた称号であると考えられる。

そうだとすれば「倭根子日子」は、持統や文武よりも孝霊・孝元・開化にこそふさわしい称号だと言えるのではないだろうか。「倭根子」の称号を持つのは持統、文武、元明、元正の四人の天皇であって、天武以前の天皇の諡号に比べれば非常に装飾的になっている。筆者は、律令制を定着させたという意味を込めて、持統や文武、元明、元正のほうが「倭根子」を真似たものと考えている。

おそらく歴代の天皇の名は、語り部などによる口承で伝わってきたものであろう。例えば、日向に天降《あまくだ》りした邇々芸《ににぎ》命の正式名称は天邇岐志国邇岐志天津日高日子番能邇々芸《あめにきしくににきしあまつひたかひこほのににぎの》命《みこと》である。その父親とされる天忍穂耳《あめのおしほみみ》命の正式名は正勝吾勝勝速日天忍穂耳命《まさかつあかつかちはやひあめのおしほみみのみこと》である。まさに欠史八代の天皇の諡号と同じように飾り立てられた称号となっている。

基本的に、口承で伝える場合には覚えやすく、伝えやすくするためにも韻を含んだ言葉で朗々と読み上げるという形になる場合が多い。一般的には、欠史八代はその飾り立てられた称号により実在が疑わしいとされているのだが、飾り立てられた称号であるからこそ、文字のない時代に口承で伝えられてきた名称であると言えるのではないだろうか。

しかも、古代人にふさわしいような素朴な個人名も含んでいる。例えば、欠史八代を否定する論者は、孝霊・孝元・開化の美称部分を除いた〝フトニ〟〝クニクル〟〝オオビビ〟についてまったく触れることはなく、完全に無視している。これらの部分は古代の個人名として非常に妥当性のある名前だと思われる。ただ一人、前述の井上光貞『日本の歴史1　神話から歴史へ』だけはこの点にも触れているが、〝フトニ〟〝クニクル〟〝オオビビ〟なども称号の一種だとして個人名であることを否定する。

孝霊・孝元・開化だけでなく第三代の安寧以下、第六代孝安天皇の諡号にも個人名と考えられる語がすべて含まれている。しかし、これらは一切議論の対象にすらされていない。欠史八代は実在しない述作された架空の天皇であるとの先入観に基づいた論であるからと考えられる。欠史八代全員の諡号について吟味・分析することなく、その一部の諡号を取り上げて欠史八代の全体を否定するというやり方は、かなり乱暴な分析の仕方と言わざるを得ない。

また、「帯（タラシ）」についても同様に考えられる。「帯《たらし》」には「足《たらし》」と同じように「治める、支配する」の意味が込められ、古くから使われている文字である。

地方の豪族の称号としてよくある「宿禰」「垂根」は、「足尼《そくね》」から「宿禰《すくね》」、「足尼《たらしね》」から「垂根《たりね》」へと変化したものであり、「帯」「足」の「治める」という意味を持っている。また、同じ「足尼」から変化してきた表記であるので、「宿禰」と「垂根」が同一人物に使われているケースもある。

要するに「帯」「足」はかなり古い時代からの表記方法と考えられるので、実際に『記・紀』が成立した直前の天皇でタラシの称号は、第三十五代皇極の「タラシヒメ」だけであって、第三十四代舒明はタラシヒであってタラシヒコではない。皇極の「タラシヒメ」を真似て、第六代孝安、第十二代景行、第十三代成務、第十四代仲哀の諡号がつけられたとは到底考えられない。皇極の「タラシヒメ」などは九州遠征を行ったことなどから、むしろ神功《じんぐう》皇后（仲哀天皇の皇后）の「オキナガタラシヒメ」を真似て名づけられたものと考えたほうが合理的ではないだろうか。

『隋書』に、「開皇二十年（西暦六〇〇年）、倭王の姓は阿毎《あめ》、字は多利思比弧《たりしひこ》、号して阿《あ》輩雞弥《ほけみ》というもの」という記述がある。「タラシヒコ」は、天下を治める者という意味でよく使われていたのではないだろうか。

さらに付け加えると、第三十五代皇極から第四十代天武までは最初に〝アメ〟〝アマ〟の語が含まれている。〝アメ〟〝アマ〟は神話によく出てくる語・音である。従って、皇極から天武までの〝アメ〟〝アマ〟は神話から取った称号と考えられる。

そうであるなら、持統・文武・元明の〝ヤマトネコ〟も、欠史八代の天皇の称号を真似て作られた名であるとも考えられる。従って、欠史八代の天皇の称号は、後代の天皇の称号を真似て作られたものではないことが明らかになったと言える。

例えば、天照大神と邇々芸命の祖母と孫という関係は、持統天皇と孫の文武天皇との関係に似ているので、天照大神と邇々芸命もそれを真似て述作されたとする研究者もいる。しかし天照大神と邇々芸命の神話は、草壁皇子の殯《もがり》の際の柿本人麻呂の挽歌から、持統朝の初期にはすでに出来上がっていたことが確認されており、持統天皇及び文武天皇とはまったく関係のないことである。後代に少しでも似ていることがあると、後代を真似て造作したとするのが『記・紀』批判の人たちによく見られるパターンである。論理性に欠けた分析姿勢と言わざるを得ない。

ちなみに、応神から継体に至る天皇の諡号は非常に簡素な称号となっており、これも欠史八代の諡号の後代述作の根拠とする論者もいる。しかし、それは口承ではなく文字に書かれて伝えられたからだと考えられる。応神朝の頃には文字が伝えられていたことは間違いがない。

文字で書くに際しては、覚える必要もないのでわざわざ飾り立てた名にする必要はない。従って〝ホムダワケ〟とか〝オオサザキ〟などのように極めて簡素な称号とされたと思われる。これにはすでに〝大王《おおきみ》〟という称号が確立していたという側面もあるが、文字のある時代とない時代との違いによるものであることは明快である。

欠史八代の和風諡号が『記・紀』が成立した頃に付けられたとするならば、『古事記』の諡号はなぜ旧字で構成されているのかが疑問点となる。

歴史学者の市村其三郎《きさぶろう》は『秘められた古代日本 歴史の源頭に立つ女王と若がえる日本の紀元』（創元社 一九五二年）の中で、『古事記』と『日本書紀』の和風諡号の用字の違いから、「日本」という国号の成立を『古事記』の完成した七一二年から『日本書紀』が完成した七二〇年の間だと分析している。

実際、**表1**（28ページ～）にあるように、持統と文武の殯のときの諡でさえ「大倭根子」と「倭根子」と旧字の「倭」が使われている。少なくとも『古事記』の和風諡号は「日本」という国号が成立する前のことであり、諡号が後世的という批判は当たらないと考える。

次に、第一の論点である、欠史八代の天皇には事績が記されていないという点について述べたい。

歴史学界において、実在が否定されている天皇は欠史八代だけではない。ほぼ定説とされているのが、神武天皇、成務天皇、仲哀天皇は実在しないということである。天皇以外では、倭健命《やまとたける》と神功皇后も実在しないとするのが大勢である。綏靖天皇から開化天皇までの八代について、『記・紀』の記事は単に系譜だけであり、事績が残されていないから実在したとは考えられない、というのが非実在説の論拠となっている。

しかし、一方では大量の事績が記録されている神武、倭健命、神功皇后については、事績記事が多いにもかかわらず実在が否定されている。要するに、『旧辞』的な事績のある・なしに関わらず実在が否定されており、この場合の『旧辞』的な事績の有無は、実在を否定するための方便として使われているにすぎないのである。実際のところ、誰が実在して誰が実在しなかったのかを判断する明快な基準を歴史学者は持っていないということである。

三王朝交代論を説いた水野祐は、『増訂日本古代王朝史論序説』の中で、一人の人物の業績を神武と崇神の二つに分けたと述べている。その理由として、太一神《たいいつしん》としての神武帝に三皇五帝に相当する八天皇を加えて、中国の史書にならうために欠史八代の天皇群を創作する必要があったという説明をしている。しかし、三皇五帝は中国の伝説上の聖天子であり、神武天皇を太一神とするのはその業績の中身からみてあまりにも不似合いだといえる。

ただ実際には、『日本書紀』の冒頭には三柱の神が登場し、『古事記』では冒頭に三柱の神と五柱の別天《ことあま》つ神が登場しており、三皇五帝の形は反映されている。従って、これは水野祐の単なる数字合わせの話としか理解できない。

5. 欠史八代は実在した！

井上光貞は『日本の歴史1 神話から歴史へ』の中で、「明らかに神話上の人物である神武天皇のあとの八代は、日本の民族が文字や暦を持つ文明の段階に達したのち、その王名表である帝紀のなかに、架空につくりあげた天皇群ではなかったろうか」と結論づけている。

しかし、『帝紀』という皇室にとって極めて重要な伝承がまったくいい加減なものであるというのなら、少なくともその判断基準は明確にされなければならない。欠史八代は事績記事がないから実在とは認められないが、神武や神功皇后は事績記事が多くても実在が否定されるのであれば、歴史学者の恣意により実在・非実在が判断されるという極めて非科学的な状況にあると言わざるを得ない。

さらにもう一歩話を進めれば、前述したように欠史八代と言われる天皇においても、その系譜の中にはさまざまな物語が内包されている。単なる創作ならば、「蝿の比売」とか「醜男、醜女」などという、人名としては異常な文字が使われていることについての合理的な理由はあるのだろうか。なぜ創作するに際してこのような卑字を使わねばならなかったのか。

例えば、崇神は大和盆地の東南部の三輪山付近に勢力を構えたと推定されているが、それ以前の師木の地域に君臨していた師木県主はどうなったのか。これも前述したように師木県主の一族が没落したことにより、崇神の勢力が師木の地に入ることができたということが、欠史八代の記録の中から読み取ることができる。欠史八代の実在を否定するのなら、こうした点についての合理的な説明をするべきではないだろうか？

神武から開化に至る『古事記』『日本書紀』の記録には、誰が勝者で誰が敗者であったかという事実が明確に記録されている。事は国の支配者に関する記録である。伝承としてしっかり後世に残すために、そうした異常な卑字が使われたと理解すべきだ。

筆者は、基本的に神武天皇以降の諸天皇については、すべて実在したと考えている。実在したから記憶がある、記憶があったから記録され、そして『記・紀』に記述されたと考えている。

何よりも大半の歴史学者が、古代の「系譜」というものをあまりにも軽んじていると言えないだろうか。欠史八代を含め雄略天皇あたりまでは没年齢が異常に高い天皇が多い。もし欠史八代ではなくて欠史二十代、あるいは三十代まで創作していれば、整合性の取れた納得のできる没年齢にすることができたのではないのか。なぜそうしなかったのか、実在否定の歴史学者はそれを明らかにする責任があると考える。

『記・紀』の編者たちも当然考えたであろうとは思うが、できなかった。それは伝承された「系譜」を改変するようなことはやってはいけないという意識があったのではないか。もし改変したとしても、「系譜」を保管していた豪族は多数あったであろうから、すぐに異議が申し出されて混乱するだけであったに違いない。

実在を否定するだけなら極めて安易なことである。しかし伝承として記録されてきたものを、創作、作り話とするのなら、なぜそのように創作したのかをも明確に説明されなければならない。それが本来の科学的な学問の意義ではないだろうか。

先にも述べたが、日本神話における神の系譜には異説が数多く見られる。ところが神武から始まる皇統譜については、『古事記』も『日本書紀』もまったく同じ系譜であって、異説はまったく伝承されてはいない。なぜなのか？　それは皇統譜が正しく伝えられてきた唯一のものだからとしか考えようがない。このことはもっと重視されるべきではないだろうか。

筆者は、神武から崇神・垂仁に至る『古事記』『日本書紀』の記録をしっかり分析すれば、日本という国の成り立ちがかなり鮮明になってくると考えている。特にこれまで見てきたように、『記・紀』における卑字の使用と后・妃のありようを詳細に検討してみると、これまでの定説とはまったく異なる日本の成り立ちが見えてくる。

欠史八代は実在した。そして神武天皇が大和を平定・統一したのではなく、孝霊天皇の頃に大和盆地は統一された。これが古代史の真説である。

第二章　歴史の基本は年代

1．年代観の曖昧さが歴史の迷路へ誘い込む

欠史八代の否定は、そもそも歴史学者に明確な年代観がないことが大きな要因である。歴史の基本は年代である。歴史である以上、常に「それはいつ頃のことか」という年代が明らかになっていなければならない。もし、年代が明らかではないのなら、歴史を学ぶ者としては明らかにする努力を続けることが当然の責務であるはずだ。

ところが、これまで古代史については極めて大雑把な、根拠の希薄な年代に基づいての推論が多くを占めてきた。研究者の間でもおおよそのところ、神武天皇は紀元前後の人との前提で論じられることが多い。その根拠は、『古事記』の崇神天皇の崩御干支「戊寅《つちのえとら》」を西暦三一八年として、神武は崇神の十代前だから「一代三十年×十代＝三〇〇年」を差し引いて、神武を紀元前後としている論者が多いように思う。

これは、明治の歴史学者、那珂通世《なかみちよ》の説の影響が大きいようだ。那珂通世は、神武が即位した紀元前六六〇年は、一二六〇年ごとの辛酉《しんゆう》の年に大きな革命が起こるという辛酉革命説を取り入れた架空の紀年であると指摘した。その上で、神武の即位は西暦紀元前後のことで、神功皇后の子の応神天皇は四世紀後半の人であるとした。その根拠として那珂は、

「二十六代継体天皇から百二十二代明治天皇までが四十九世で千三百六十七年だから、〈平均一世年数は二十八年〉」という数字を算出していた。

これを批判する形で東洋史学者の橋本増吉は、

「上代のおよその紀年を知るために必要なのは、父子直系の一世平均年数ではなく、歴代天皇の御在位年数なのであるから、平均一世年数をもって上代の諸天皇の御在位平均年数として利用すべきではない」（『卑弥呼の謎』安本美典《びてん》）として、在位年数という考え方を提示した。

2. 津田左右吉の事大主義

一方、戦後の日本歴史学の本流として位置づけられてきた津田左右吉《そうきち》の年代論を見てみよう。

津田左右吉は『古事記及び日本書紀の研究』の中で、応神天皇の朝に文字が伝えられ、記録の術も幼稚ながら行われ始めたと考えられるとした上で、

「年代のほぼ推知し得られるのは応神天皇以後である。歴代の紀年についてはすでに諸家の説があるが、それらの考え方には肯《うべな》いがたき点があり、細節に至ってはそれらの説の確実なるを保証しがたいところがあるにも関わらず、応神天皇の朝は四世紀の後半にあるということはシナ及び百済の史籍の上から考察すると、動かすべからざる事実であろう」と述べている。

さらに、『宋書』倭国伝に四二一年に倭王讃が官位を授けられた記事を取り上げて、「近肖古王（照古王）が応神天皇と同時代であるという『古事記』の記載は、倭王讃は仁徳天皇もしくは履中天皇に擬せられているので、応神朝の初期が三七五年に死んだ近肖古王の時代にあたるということは、大体において誤りはないように見える」として、応神に

ついては那珂通世と同じような年代観を示している。

ただ『古事記』に記載された「百済の国主照古王、馬と横刀と大鏡を阿知吉師《あちきし》につけて貢上《たてまつ》りき」という記事は、『日本書紀』にはなく、『書紀』では肖古王からの貢上は七枝刀《ななさやのたち》と七子鏡《ななこのかがみ》とされ、応神紀十五年に阿花王が阿直岐《あちき》を派遣して良馬を献上したと記されている。従って、多くの歴史学者が津田の年代観を引き継いで応神は四世紀後半から末の人としているが、その根拠は『古事記』記載の記事だけであり、根拠としてはかなり薄弱である。

津田左右吉はもともと、

「『日本書紀』の紀年は始めから考察の外に置くべきものであり、仲哀・成務・崇神天皇の崩御の年として『古事記』に記してある干支もシナの紀年の法及び暦の知識のなかった時代のこととしては信じがたいものである。三世紀において三〇〇年もシナと交通していたツクシ人ですら暦の知識を持っていなかった」として、仲哀天皇以前の歴代については、まったくその時代を知ることはできないという立場であったので、古代の年代には興味が薄かったようだ。

『建国の事情と万世一系の思想』において、

「九州地方の諸君主が得たシナの工芸品や技術、その他の知識は、瀬戸内海の航路によって、早くから近畿地方に伝えられ、一、二世紀の頃にはその地域に文化のひとつの中心が形づくられ、その地方を領有する政治的勢力の存在が伴っていたことが考えられる。この政治的勢力は種々の方面から考察して、皇室の祖先を君主とするものであったことがほぼ知り得られる」と述べているように、津田左右吉は、基本的に大和王権は大和地域で発生、成長したものと考えていた。そして『古事記及び日本書紀の研究』の中で、「ツクシ地方がヤマト朝廷の国家組織に入ったのは四世紀の前半のうちに行われたものであることが、四世紀後半に百済の近肖古王がヤマトの朝廷と交通したという事実によって推測せられる」と、ヤマト朝廷が九州の邪馬台国勢力を支配下に取り込んだとしている。

この津田の歴史観からすれば、「『魏志』や『晋書《しんじょ》』などのシナの文献に見える各種の記事は、『古事記』や『日本書紀』によって伝えられている我が上代の物語とは何らの接触点を有せず、まったく交渉のないものである」と断定するのは自然な成り行きでもある。

津田左右吉の『記・紀』の記述に対する偏見は、津田の「シナの文献は信じる」といういわば事大主義に根差しているように思われる。シナの文献と共通するところが『記・紀』にはまったく見られないから、仲哀以前の『記・紀』の記録は一切信用できないという考え方のようだ。

しかし、ヤマト朝廷の祖先が紀元一世紀もしくは二世紀に大和で発生したとするのなら、『記・紀』に銅鐸の記述がまったくないことについてその理由を明らかにしなければならない。また、ヤマト朝廷が九州の邪馬台国勢力を制圧したのならば、その戦いの様子が何らかの形で『記・紀』に伝承されていることが当然ではないだろうか。

ところが、津田はその点については何の疑問も呈していない。『記・紀』にかなりの分量を割いて記述してある神武東征説話を作り話と断定する一方で、『記・紀』に何の記述もないヤマト朝廷の邪馬台国勢力制圧を日本国家の成り立ちとして論じている。この定見の無さにはさすがに驚かされる。

要するに、津田にとってはシナの文献こそが権威あるものであって、それと接触点を持つ記事が『記・紀』には見られないから、『記・紀』は信用できないという考えに捉われ過ぎているといえる。

ただ、後述するように、『記・紀』にはシナの文献と完全に一致する点が多数あることに気がつかなかったことは、歴史学者そして文献批判学者としての致命的な誤りであったといえる。従ってその年代観だけでなく歴史観自体においても、津田が歴史の真相に迫ることは不可能であったと言わざるを得ない。

3．井上光貞の年代観は『古事記』が頼り

次に井上光貞の年代観を見ていきたい。井上も基本的には開化以前の天皇の実在を認めない立場である。そして井上も年代論の核を、応神が百済《くだら》の肖古王から馬二頭を奉られた記事に置く。『日本の歴史1　神話から歴史へ』の中で、

「応神天皇のときに百済の肖古王が馬二頭を奉ったとの記事がある。肖古王は三七五年になくなった人物だから、この点で応神天皇は四世紀末の人とみてよい」として、応神天皇を三七〇年から三九〇年頃の人と考えている。そして、

「記・紀の系譜をそのまま信用すると、応神から五代前が崇神天皇である。一世代を二十年とすると崇神は二七〇年から二九〇年頃の人ということになる。もっとも成務・仲哀のような実在性のほとんどない二代を計算に入れることになるが、五百木入日子を成務の代わりに、品陀真若を仲哀の代わりにおいても世代数は同じである。また『古事記』記載の崇神の崩年干支《ほうねんかんし》は『戊寅《つちのえとら》』であるが、それは二五八年あるいは三一八年という数値が得られる」と述べて、崇神が二七〇年から二九〇年の人という年代にあたかも整合性が取れるかのように述べている。

だがその後で、考古学において発掘調査の結果を踏まえた崇神陵の年代は、四世紀中頃から後半と考えることが妥当とされていることを挙げて、

「すでに述べたような文献から推定される三世紀後半から四世紀はじめという崇神天皇の年代とはかなりくい違っており、この方面の研究は今後の課題である」としているのは、本来なら触れなくてもいいのだから学者としての良心と言うべきかもしれない。しかし、もっとも重要な点を今後に積み残すのは、学問的姿勢としては若干の問題があるように思う。

このように井上光貞は、応神天皇は津田と同じように四世紀末頃、崇神については三世紀末頃の人という年代観を持っている。そして戦後の多くの歴史学者も、津田や井上と同じような年代観を持っていたと考えてもいいだろう。

しかし、津田左右吉も井上光貞も、基本的には『古事記』の応神天皇と百済の肖古王の条における記述を完全に信用しているところが不思議な気がする。他の部分では厳しく『記・紀』の記述を否定しているのだが、なぜかこの点だけは『古事記』を完全に信じている。おそらくそれは『百済記』の記事とつながっているので、『古事記』を信用するのではなく、『百済記』という外国の文献を信用しているのだと思われる。

だが『百済記』には肖古王が馬を奉ったと記録されてはいるが、相手が応神天皇であったとは記録されていない。『古事記』の編者が肖古王と応神天皇を結び付けて記録したと

いうことを忘れてはならない。この『古事記』の記事が歴史的事実ではない可能性も十分にある。この記事の信憑《しんぴょう》性については後述するが、『記・紀』の記述を信用できないと否定する多くの歴史学者が、この記事だけはなぜか無条件に信用してしまうことが不思議でならない。

4．天照大御神の年代は卑弥呼の時代に一致

筆者は古代史の年代推定については、数理統計学者で古代史研究家でもある安本美典氏の年代論を支持している。安本氏の年代論とは、天皇の平均在位年数から活躍した年代を割り出すものである。橋本増吉は那珂通世の年代論を批判する中で、「在位年数」が問題だと提起していたが、安本氏の年代論はそれを統計的手法で算出したものである。

安本氏によれば天皇に限らず世界の皇帝、王の平均在位年数は古代に遡るほど短くなっていくとのことである。これは、文明が進展すればするほど人は長命になり、統治のシステムが精緻化すればするほど王の在位年数は長くなり、その反対に古代に遡れば遡るほど在位年数は短くなるということで、素朴な一般人の感覚とも合致している。

次ページの**表2**は、世界の王の世紀別平均在位年数を示している。四世紀以前では、各地域ともほぼ十年前後の数値となっており、日本においてもその傾向は同様である。一〜四世紀の世界と西洋と中国の平均在位年数の平均値は九・八八年となる。

表２　平均在位年数の推移…安本美典『卑弥呼の謎』参考

	世界の王	西洋の王	中国の王	日本の天皇
17～20世紀	19.16	21.53	22.27	19.69
16世紀	17.91	20.71	14.42	15.63
～12世紀	15.75	17.13	13.63	12.24
５～８世紀	11.59	13.22	10.18	10.88
１～４世紀	10.56	9.04	10.05	平均　9.88

・１～４世紀の世界10.56年、西洋9.04年、中国10.05年の平均地は9.88年となる
・従って、日本の天皇の平均在位年数も10年前後と推定される（平均値は筆者算出）

表３　天皇の時代別平均在位年数…安本美典『応神天皇の秘密』より

江戸時代～現代（昭和天皇）	22.34	減少率
鎌倉時代～安土桃山時代（25代）	15.11	67.6%
平安時代（32代）	12.63	83.6%
奈良時代（７代）	10.57	83.7%
飛鳥時代（12代）	10.17	96.2%
５～６世紀（応神〈倭王讃〉～　崇峻　18代）	10.00	98.3%
仲哀以前（14代以前）	9.90	99%

・ここでは「応神＝倭王讃」説を採用する。『日本書紀』は日本が中国の冊封体制下にあったとはしていないので、倭の五王が遣使したことは記述していない。その『日本書紀』においても、応神天皇が使者を送ったことだけは記述していることを重視する。応神天皇の在位年は倭王讃が宋に使いを送った413年を起点として算出。

表４　古代天皇の活躍の時期推定（西暦年）

	雄略	安康	允恭	反正	履中	仁徳	応神	仲哀	成務
活躍時期	473	463	453	443	433	423	413	403	393
	景行	垂仁	崇神	開化	孝元	孝霊	孝安	孝昭	懿徳
活躍時期	383	373	364	354	344	334	324	314	304
	安寧	綏靖	神武	ウガヤ	ﾎﾎﾃﾞﾐ	邇邇藝	忍穂耳	天照大御神	
活躍時期	294	284	275	265	255	245	235	225	

・雄略天皇は『書紀』では457年から479年の在位とされているが、宋書に462年に世子興（安康）を安東将軍倭国王にしたとの記事があり、南斉書に479年に倭王武（雄略）を鎮東大将軍としたとの記事がある。従って、雄略の在位は465年～481年と推定しその中央値473年を基準年として活躍時期を算出。

表3は、日本の天皇の時代別平均在位年数を示している。五～六世紀の応神～崇峻《すしゅん》の十八代では一〇・〇〇年で、それより前の仲哀以前は減少率を九九パーセントと推定すると九・九〇年となる。

この日本の時代別平均在位年数の推定値九・九〇年と、一～四世紀の地域別の平均値九・八八年の平均である九・八九年を仲哀天皇以前の時代に当てはめると、古代の天皇の活躍時期は**表4**のようになる。

従って、仲哀は西暦四〇三年頃、崇神は三六四年頃、神武は二七五年頃に活躍した天皇と考えられ、従来とはまったく異なって、思いのほか新しい年代推定となる。

ちなみに神武の五代前は天照大御神に相当するのだが、二二五年頃の活躍時期となって邪馬台国の卑弥呼と同年代ということになる。もちろん、各天皇によって在位年数の長短があるので、**表4**の活躍年の前後十年か十五年ぐらいの幅を持たせれば、各天皇の活躍時期はほぼその年代に収まると考えてよいのではないだろうか。

この、神武が二七五年頃で天照大御神が卑弥呼の時代という年代観に立つと、これまでの学界での問題点であった日本の統一国家成立の時期はいつかなどの、判断が難しかったものがスムーズに理解できるようになる。

邪馬台国畿内説と邪馬台国九州説の違いは、単に位置論争だけでなく、日本の統一国家成立の時期に関わってくると言われてきた。邪馬台国九州説ならば、三世紀の段階では日本に統一国家は成立していなかったと判断されていた。反対に邪馬台国畿内説ならば、伊《い》都《と》国に一大率を置いて九州を支配した統一国家ヤマトが、遅くとも三世紀初頭までには成立していたことになると考えられていた。

ところが、神武天皇が概ね三世紀後半、二七五年頃の人であるとするならば、卑弥呼が活躍していた邪馬台国時代よりは後に、神武は大和に向かって東征したことになり、日本の統一国家成立の時期は神武天皇の時代以降となることが明確に理解できるようになる。

安本氏の年代論は日本の古代史研究に、誰にも明らかな年代軸を構築した極めて画期的なものだといえる。ちなみに、崇神陵は考古学界では四世紀半ば過ぎの築造とされている。平均在位年代論で算出された崇神の活躍年代は三六五年頃であるので非常に整合性が取れた年代となり、井上光貞の疑問点は見事に解消されている。

先述したように井上は、「応神天皇の年代については、倭王讃は四二〇年代に遣使しているが、讃は仁徳天皇または履中天皇だから、その父または祖父の応神天皇は四世紀後半のいつかに活躍したとみてよい」としている。一世代二十年から四十年以上となる非常に曖昧な年代観である。

従来の年代論とは、『記・紀』の記事をベースとして、概ねこのような不確定部分の多い基準を採用しており、歴史文書を分析するに際しての指標としては非常に不適切なものであった。

この平均在位年代論に基づけば、応神天皇の活躍時期は西暦四一三年を中心とした前後十五年ぐらいと考えられる。応神がその年代の人だとなると、応神天皇と三七五年に亡くなったとされる百済の肖古王とのつながりはどうなるだろうか。年代から見てつながりがあったとすることはかなり難しいことのように思う。肖古王が日本の天皇に馬を奉ったのは確かだが、それを応神天皇に奉ったとしたのは『古事記』の編者であって、歴史的事実を記述したものではなかった可能性が非常に高くなったと考えられる。この点については、決定的な事実を第七章「2．新羅や朝鮮半島への進出はすべて神功皇后の功績とされた」で提示している。

また、天照大御神の年代と卑弥呼の年代が合致するとの結論が得られたわけだが、そうだとすれば津田左右吉が言っていた、シナ（中国）の文献と『記・紀』とには接点がまったくないとの判断も怪しくなってくる。おそらく『記・紀』のどこかにシナの文献である『魏志倭人伝』との接点が記録されているのではないかと考えるのも当然の成り行きということになる。

津田左右吉の年代観については上記にて厳しく批判したが、津田の頭の中には応神天皇は四世紀後半から末の人、実在したとすれば神武天皇は那珂通世と同じように紀元前後の人という思いがあったのかもしれない。だとすれば、紀元前後の時代に神武が日向から大和へ東遷したという記述などは、絶対にあり得ないことで作り話という結論は当然のものであったのかもしれない。「歴史の基本は年代」ということを改めて強く感じる次第である。

中国の文献と『記・紀』との接点についてはまた後述することになるが、とりあえずこの時点では、応神天皇は四一三年頃、仲哀天皇は四〇三年頃、神武天皇は二七五年頃にそれぞれ活躍した人だという明らかな根拠のある年代観を持つことが可能となった。

5. 神話はいつの時代を描いているか

中国の文献（『魏志倭人伝』）と『記・紀』とには接点がないと考えるのは津田左右吉だけでなく、東洋史学者であった植村清二（直木三十五の弟）なども、卑弥呼の記憶を『記・紀』の伝承に見いだすことができないとも指摘しており、多くの歴史学者が接点はないと考えている。

実際、『記・紀』には邪馬台国や卑弥呼は一切登場しないとはよく言われることである。もちろん史的事実として邪馬台国や卑弥呼が『記・紀』に登場することはない。しかし後述するように、『記・紀』を丹念に読み込めば、卑弥呼や邪馬台国の姿を見いだすことができる。

ところで『記・紀』において、卑弥呼の時代はいつの時代に位置づけられているのだろうか？　それが明快に理解できる事例がひとつある。それは『出雲風土記』の大原郡神原の郷についての記述である。そこには次のように記されている。

「神原の郷。郡家《こほりのみやけ》の正北《まきた》九里なり。古老《ふるおきな》伝えて云いしく、天《あめ》の下造《したつく》らしし大神の御財《みたから》積み置き給《たま》ひし処《ところ》にして、すなはち神財《かむたから》の郷と謂うべきを、今の人猶《な》ほ誤りて神原《かむはら》の郷と云えるのみ」

神原の郷とは、三十九点の銅鐸が出土した加茂岩倉遺跡（島根県雲南市）があるところである。三十九点の銅鐸とはまさに積み置かれた神財といえる。「天の下造らし大神」とは大穴持命《おほなもち》、すなわち大国主命のことである。従って、『風土記』の記述からは、大国主命は銅鐸の時代の人であった（それも銅鐸の終わり頃の人）ことが推定できる。同時に『記・紀』の国譲り神話などから分かるように、大国主命は天照大御神とほぼ同時代の人でもあった。

ところで加茂岩倉遺跡と、銅剣で有名な荒神谷《こうじんだに》遺跡は約三キロと、非常に近いところにある。そして加茂岩倉遺跡の銅鐸と荒神谷遺跡の銅剣は、ほぼ同じ頃に埋められたというのが考古学界の一致した見解である。

荒神谷に銅剣が埋められたのは、燃え焦げた土の跡の分析から西暦二五〇年頃（正確には二五〇年±八〇年）との研究がある。そうすると加茂岩倉遺跡に銅鐸が埋められたのも西暦二五〇年頃と考えられることになる。西暦二五〇年頃とは卑弥呼が死んで二年ほど経った頃である。大国主命は西暦二五〇年頃に銅鐸を埋めた。『記・紀』の記述からみれば、大国主命と天照大御神は西暦二五〇年頃の同時代の人となるので、天照大御神と卑弥呼もほぼ同時代の人といえることになる。

前項の平均在位年代論においては、天照大御神の年代と卑弥呼の年代が合致するとの結論が得られたが、天照大御神と卑弥呼とは同時代の人というより、むしろ同一人物と考えてもいいように思われる。実際、『記・紀』の神代には、卑弥呼を彷彿《ほうふつ》させる天照大御神の記述を数カ所見いだすことができる。

すなわち、弥生時代の卑弥呼の時代は『記・紀』においては、時代的には〝神代〟に位置づけられている。まさに〝卑弥呼＝天照大御神〟という想定が可能となってくる。

第三章　邪馬台国はやはり北部九州にあった

1. 物部氏の祖、饒速日命は一世紀後半に東遷した

『日本書紀』神武天皇紀の冒頭部分に、

「神日本磐余彦天皇《かむやまといはれびこのすめらみこと》謂《かた》りて、抑又《はたまた》、塩土老翁《しおつちのをぢ》に聞きき。曰しく、『東《ひむがしのかた》に美地《うましつち》有り。青山四周《よもにめぐ》れり。其の中に、亦天磐船《あまのいはふね》に乗りて飛び降《くだ》る者有り』とまおしき。余謂《われおも》ふに、彼の地は、必ず大業《あまつひつぎ》を恢《ひろ》め弘《の》べ、天下《あめのした》に光宅《みちを》るに足りぬべし。蓋《けだ》し六合《くに》の中心《もなか》か。厥《そ》の飛び降る者は、謂うに是饒速日《これにぎはやひ》か。何ぞ就《ゆ》きて都つくらざむやとのたまふ」との記述がある。

また、大和平定の最終段階のところでは、饒速日命が長髄彦を殺して、「其の衆《ともがら》を帥《ひき》ゐて帰順《まつろ》ひぬ」との記述もある。

一方、『古事記』神武天皇段では、大和平定の最後の条で、「邇芸速日命《にぎはやひのみこと》、参る赴《おもむ》きて、天《あま》つ神御子《かみみこ》に曰さく。『天つ神御子天降り坐しぬと聞きつるが故に、追ひて参ゐ降り来つ』とまおして、即ち天津瑞《あまつしるし》を献《たてまつ》りて、仕え奉りき」という記述になっている。

神武記では饒速日命が、「天つ神の御子を追ひて参ゐ降り来つ」となっているので分かりづらいのだが、そのすぐ後に「邇芸速日命、登美毘古が妹、登美夜毘売を娶りて」との

系譜記事があるので、すでに大和の地に住んでいたことを明らかにしている。

一方の神武紀では、昔、大和に天降ってその地域を治めていた饒速日命が降伏したと明確に記述されている。

すなわち、『日本書紀』も『古事記』も、神武が東征へ出発する前から大和の地には饒速日が勢力を持っていたことを明らかにしている。

さらに「天磐船に乗りて飛び降《くだ》る者有り、その飛び降る者は是饒速日か」と神武は饒速日が天降ったことを知っていた上に、長髄彦が天神の表物《しるしもの》である天羽羽矢《あめのははや》と歩靫《かちゆき》を神武に見せたことや、饒速日が天津瑞を献ったことを記述することで、饒速日が九州から天降ったことを明らかにしている。『先代旧事本紀』では、この饒速日の天降りの様子が詳しく記述されている。

この『古事記』と『日本書紀』の饒速日についての記述が示すこととは何なのだろうか。それは神武東征前に、畿内においては大きな政治勢力があったということである。その政治勢力の主体は、『記・紀』によれば饒速日命と長髄彦《ながすね》、すなわち北部九州からの東遷勢力（物部族）と在地豪族の連合体であったということである。

考古学者の森浩一が中公文庫『日本の古代2 列島の地域文化』の中で、西北九州と東北九州の違いについて詳細に述べている。玄界灘に面した北部九州は、その西半分（北部九州西地域）と東半分（北部九州東地域）には考古学成果に大きな違いがあるとのことだ。「死者を大型甕棺に葬り、その死者に対して銅鏡や青銅製武器類を副葬するという風習があったのは、北部九州西地域である。北部九州東地域、すなわち遠賀川水系の地域は、そこから出土する土器形式名が弥生前期の汎西日本的な名称になったほど注目される土地でありながら、弥生遺跡は前期以来存続しているにもかかわらず、大型甕棺も少なく、青銅製品も貧弱であり、大型甕棺や青銅製品に焦点を当てると目立たない地域になる」

森浩一はこう述べて、「目立たないのは大型甕棺や青銅製品の墓への埋納でのことで、極言するならば、北部九州の西地域と東地域では死者を何に葬るのか、何を副葬するかなど埋葬についての習俗、あるいは信仰の差異が見られる」としている。一般的に北九州の弥生文化と概括的に表現されがちな玄界灘沿岸地域であるが、西地域と東地域では考古学的様相が大きく異なっているとのことである。

歴史学者である鳥越憲三郎は『大いなる邪馬台国』（講談社）において、『先代旧事本紀』の饒速日の降臨説話を詳しく分析して、饒速日の一族は北部九州東地域の遠賀川流域を根拠にしていた勢力であるとした。『先代旧事本紀』には饒速日の東遷に従った部族名が挙げられているが、その多くは福岡県の遠賀川一帯の地名と一致する部族名のものが多いことから判断できるとしている。従って、饒速日命が遠賀川流域の勢力を率いて畿内へ東遷したことはほぼ間違いないこととしている。

その根拠としては、遠賀川水系地域から出土した土器、すなわち遠賀川式土器（立屋敷遺跡土器）の紋様の特徴である「木の葉紋」が、瀬戸内海を通って畿内にまで広がっていったことを挙げている。同じ時期の福岡県の板付式土器は「羽状紋」であって、立屋敷土器もその影響を受けることになるのだが、この羽状紋の影響を受ける前の木の葉紋の土器を持って畿内地方へ東遷した弥生人があったことは断言できるとしている。

この饒速日命と遠賀川流域の物部一族が、九州から河内に東遷したことに異を唱える人はいないようである。

これについては、神武天皇が「厥の飛び降る者は、謂うに是饒速日か」と言ったと記している『日本書紀』と饒速日の名を記している『古事記』、そして土器文様という考古学的事実、さらに加えると、その東遷の内容を詳細に記した『先代旧事本紀』の四者が一致しているといえる。

次に問題となるのは、それでは饒速日はいつ東遷したのかという東遷の時期についてである。鳥越憲三郎は、饒速日命が東遷して邪馬台国を作ったという立場なので、『魏志倭人伝』の邪馬台国時代よりも前になるのだが、饒速日の東遷の時期については、鳥越は不明として明らかにしていない。

一方、安本美典氏は『先代旧事本紀』において邇邇芸命と饒速日命が兄弟とされている点から、邇邇芸とほぼ同時期に河内に天降ったと考えているようである。
しかし、それは『先代旧事本紀』を信用し過ぎていると言わざるを得ない。饒速日は正式には天照国照彦天火明櫛玉饒速日命という名で『先代旧事本紀』に記されている。だが、『古事記』に邇邇芸命の兄として天火明命と記されているからといって、その「天火明」という文字だけで、饒速日は邇邇芸命の兄であると言えるものではない。むしろ、饒速日が天降る際の『先代旧事本紀』の書き方は、邇邇芸が天降るときとまったく同じ内容の記述であり、『先代旧事本紀』における饒速日の出自に関する記述は『古事記』を真似て書かれたものであると考えるべきである。

従って、邇邇芸命の活躍した時期である西暦二四五年頃に饒速日命が東遷したという安本氏の説には同意することはできない。

北部九州の東地区と西地区では習俗も信仰も異なるという考古学者の森浩一の説は前述した。習俗も習慣も異なる地域の者が、伝説上であっても兄弟になるというのはあり得ないことと考えられる。

また、民俗学者の谷川健一は、物部一族は遠賀川流域だけでなく北部九州全域に広がっていたと主張しているが、これも東地域と西地域の違いを考慮すれば頷《うなず》けるものではない。これは筑紫国造《つくしのくにのみやつこ》磐井《いわい》との戦いの後に、物部麁鹿《あらかい》火の勢力が九州にて飛躍的に増大したことによるものだと考えるべきものと思う。

この弥生時代の北部九州と比較した場合の畿内、あるいは奈良県の特徴とは、ひとつは畿内では銅鐸の祭祀《さいし》が行われていたことである。一方の北部九州では銅鐸ではなく、銅矛や銅剣が祭祀に使われていたようである。この点については、かつて銅鐸文化圏と銅矛・銅剣文化圏の対立がいわれていたこともあり、異を唱える歴史学者はいないと思う。

もうひとつの特徴は、**表5**（次ページ）に見られるように鉄製武器の出土状況に大きな違いがあることである。九州地域からの出土数は、畿内からの出土のほぼ五倍の規模である。福岡・佐賀・大分・長崎県の北部九州に限っても四倍以上の出土数となっている。さらに福岡県と奈良県との比較では、福岡のほうが圧倒的に出土数が多い。福岡が多いというよりも、奈良県からは弥生時代の鉄製武器はほとんど出土していないといえる。鉄剣に限ると福岡の四十六件に対し奈良県はわずか一件である。

従って、弥生時代の北部九州と奈良県を中心とする畿内地域との違いとは、畿内には銅鐸はあったけれど、半面、鉄剣、鉄製武器はなかった、あるいは非常に少なかったということである。銅鐸と鉄剣、これには饒速日の東遷時期と密接な関連があると思われる。

表5　弥生時代の鉄製品の出土数及び絹製品出土地数

		弥生時代の鉄刀・鉄剣・鉄矛・鉄戈							弥生時代の鉄鏃	絹製品出土地数	
		鉄刀	素環頭の大刀・鉄刀	素環頭刀子・刀子	鉄剣	鉄矛	鉄戈	合計		弥生時代遺跡	古墳前期遺跡
九州	福岡県	17	16	210	46	7	16	312	398	12	3
	佐賀県	5	7	39	18	2	2	73	58	1	
	大分県	1	1	21	9			32	241		
	長崎県	5	1	12	23	1	3	45	29	1	
	宮崎県	1	1	6	6			14	10		
	熊本県	2	1	68	10			81	339		1
	鹿児島県			1				1	3		
	小計	31	27	357	112	10	21	558	1078	14	4
中国　計		24	2	114	27	2		169	356		4
四国　計				28	7			35	118		
近畿	兵庫県	2	1	20	21			44	92		
	大阪府	1	1	6	2			10	40		
	京都府	4		14	44			62	112		3
	奈良県				1			1	4		2
	滋賀県			1				1	13		
	和歌山県			1				1	5		
	三重県			2				2	3		
	小計	7	2	44	68			121	269		5
その他計		14	1	76	76	1		168	264		2
合計		76	32	619	290	13	21	1051	2085	14	15

・鉄刀、大刀、鉄剣、鉄矛、鉄戈、鉄鏃のデータは、広島大学文学部川越哲志編『弥生時代鉄器総覧』より
・絹製品出土地のデータは安本美典『「邪馬台国畿内説」徹底批判』より

表６　県別・形式別銅鐸出土件数

		菱環鈕式	福田型	外縁付鈕式	扁平鈕式	突線鈕式						合計	不明
						１式	２式	３式	４式	５式	区分不明		
九州	福岡県												1
	佐賀県		1									1	1
中国	山口県												
	島根県	1	1	38	14	1						55	
	鳥取県		1	6	5	1					2	15	2
	広島県		1		2							3	
	岡山県		1	2	9	1	3				4	20	6
四国	愛媛県			1								1	
	香川県			5	8		1					14	4
	高知県				3		3	3	1			10	1
	徳島県			4	22	1	2		1	1	4	35	7
近畿	兵庫県	2		20	22	1	2		2	2	2	53	7
	大阪府			6	17		2	3	4		3	35	7
	京都府			4	3			3		1		11	3
	奈良県			8	6	3		1			1	19	2
	滋賀県			3	3	5	4	13	2	1	2	33	7
	和歌山県			3	15		3	3	6	4	1	35	7
	三重県	1		2	2	1	1	2	3		2	14	4
中部	岐阜県			2	3					1		6	
	愛知県			4	5	2		8	3	4	1	27	17
	静岡県			1			1	20	2	3	5	32	2
	長野県							2				2	1
	福井県	1		4	2		2					9	1
	石川県				1							1	
合計		5	5	113	142	16	24	58	24	17	27	431	80

注）島根県古代文化センター調査報告書12「銅鐸出土地名表」より集計

銅鐸がいつまで使われていたかについては考古学者の間で異論はない。あったとしても、弥生の終末期かそれとも古墳時代突入時期までかという違いである。

ところが、銅鐸が作られ始めた時期についてとなると、紀元前三世紀末という説から西暦一〇〇年頃という説まで大きな開きがあった。その後、一九七九年（昭和五十四年）、佐賀県鳥栖市の安永田《やすながた》遺跡炉跡にて邪視紋銅鐸の鋳型が出土してからは、銅鐸の始まりは弥生中期末（西暦五〇年前後）から弥生後期初め（西暦一〇〇年頃）とする説が優勢のようである。それは、安永田遺跡の時代は一世紀の後半頃とされているからである。

かつて九州には銅鐸はないとされていたが、初期銅鐸の鋳型が出土し、**表6**（前ページ）にあるように初期の福田型銅鐸も吉野ヶ里《よしのがり》で出土している（九州では銅鐸に分類されない小銅鐸も若干数出土）。

ところが九州では、それ以降の形式の出土は見られない。つまり、銅鐸の発生は北部九州である可能性が高いと考えられるものの、九州では銅鐸は定着しなかったことが明らかになっている。付け加えると、畿内からは初期の銅鐸の鋳型は出土していない。従って、銅鐸の原型は北部九州にあったとしても間違いはないであろう。

さらに、銅鐸が饒速日の一族と関係が強いという点については、銅鐸の出土地の状況という考古学的事実がそれを示している。考古学者である田中巽の『銅鐸関係資料集成』

（東海大学出版会　一九八六年）によれば、「銅鐸出土地の特徴は古社寺に近いことと、そのほとんどに尾張氏の系譜が関係する」とのことである。

具体的には、「銅鐸の出土地二三〇カ所のうち一九〇カ所で尾張氏の居住の跡があり、銅鐸はいわば尾張氏の祭器と言ってよい」とのことである。そして尾張氏とは、饒速日と天道日女命の間にできた天香語山命の子孫であり、まさに饒速日の子孫の一族である。

これらのことから、饒速日の一族が東遷する時に、初期の銅鐸を持って出発したという推論が可能になる。筆者は、饒速日の勢力が東遷するに際して、初期の銅鐸を持って東遷し、畿内においてそれを祭祀のための銅鐸に発展させたと考えている。

先に、弥生時代の九州と畿内との比較では、畿内には銅鐸はあったが鉄製武器はなかったと述べた。もし饒速日一族の東遷が仮に邪馬台国の卑弥呼の頃としたなら、畿内にも鉄製武器が豊富になければならない。また仮に、東遷時期が紀元前後だとしたなら、畿内における銅鐸の発展はあり得なかったはずである。いわゆる祭祀用の銅鐸の製造開始は西暦五〇年から一〇〇年の間といわれている。従って饒速日の東遷時期は、早くても西暦五〇年頃以降と考えなければならない。

次に鉄剣・鉄刀を中心とする鉄製武器についてである、鉄器自体は紀元前の早い時期から青銅器と共に日本に入って来ている。ただ青銅器は鋳造するだけで実用品として使えたが、鉄器は鋳造しただけでは非常に脆《もろ》いために実用には向かなかった。そのため、鋳造の後の炭素を抜く脱炭加工の技術が取り入れられたのだが、農器具等ならともかく、武器としてはまだまだ弱いレベルにあった。

しかし、二世紀中頃までには鍛造の技術が普及し、鉄の鍛造品の武器が登場する。これにより鉄剣の殺傷力は飛躍的に向上し、北部九州では鍛造品の鉄剣・鉄刀が広がり一般化する。

この間の経緯について、井上光貞は『日本の歴史1 神話から歴史へ』の中でこのように述べている。

「最近まで学界では、鉄器は弥生時代のはじめから存在していたと考えられていた。しかし最近の考古学の成果によると弥生中期、すなわち一世紀末までは少数の鉄器は輸入されていたが、普及していたかどうかは疑わしいことが分かってきた。たとえば、中期以前の弥生式遺跡から発見されたという石包丁形鉄器は、遺跡表面の水田で採集されたもので、物それ自体も明治末年以後に九州で使われるようになった鉄製犁《すき》の破片であることが分かった。このような例が数多くなるにつれ、弥生中期までに鉄器が普及していたかどうかは疑わしくなった。その反対に、弥生後期から鉄器がにわかに多くなり、しかも日本製の鉄器が現れたことは、考古学上からも明らかになってきた」

弥生後期とは、多少異論があるものの概ね紀元五〇年前後から一〇〇年頃の間に始まるといわれている。また鉄器の鍛造技術が浸透するのが二世紀中頃とされている。殺傷能力の高い鉄器が登場した頃には、すでに饒速日の一族は北部九州にはいなかった。そのため、弥生時代の奈良県では鉄剣・鉄刀がほとんど出土しない状況となっている。

神武東征の頃には、畿内では依然、磨製石剣をも使用していたようである。すなわち、弥生後期の畿内には、銅鐸があって鉄剣はなかったことを考えれば、畿内に大きな勢力を持っていた饒速日一族の東遷の時期は、北部九州に銅鐸が出現しており、かつ鉄剣はまだなかった時代に限定されてくる。

そして、北部九州の覇権を博多湾沿岸諸国の奴国（西暦五七年に後漢に朝貢）や倭国王帥升《すいしょう》ら（西暦一〇七年に後漢に朝貢）が掌握したことを併せて考えれば、饒速日の東遷は西暦五〇年頃から一〇〇年頃の間と考えるのが妥当と思われる。おそらく、北部九州東地域である遠賀川流域の饒速日の勢力は、北部九州西地域の博多湾沿岸諸国と、北部九州の覇権を争って敗れたために畿内へ向かったものと考えられる。

しかし、饒速日命の東遷後、その勢力は畿内を中心に出雲、吉備、旦波、近江、尾張など、かなり広い地域に影響力を及ぼしたようである。その中で銅鐸を用いた祭祀が広がっていき、銅鐸祭祀を絆とした共同体の連合が形づくられた。そしてその共同体社会は、三世紀末頃の神武東征の時代まで続いたものと推定される。

ここまで、神武以前に大和を中心に畿内を治めていた勢力の中心となっていた饒速日命の一族の東遷の時期を明らかにした。これも『記・紀』に記載された文献資料と考古学成果をつなぎ合わせることで実現できた歴史解釈である。

戦後の歴史学界を主導した津田左右吉は、考古学成果とはまったく無縁の立場で文献の分析を進めた。それとまったく反対の状況であるが、現代では文献を一切無視するかのような姿勢で、考古学成果の解釈だけで歴史を語ろうとする考古学者が非常に多いように思う。

2. 国生み神話はどこで生まれたのか

「ここに天つ神諸《もろもろ》の命《みこと》もちて、伊邪那岐命、伊邪那美命、二柱の神に、『この漂える国を修《をさ》め理《つく》り固《かた》め成せ』と詔りて、天《あめ》の沼矛《ぬぼこ》を賜《たま》ひて、言依《ことよ》さしたまひき。故《かれ》、二柱の神、天の浮橋《うきはし》に立たして、その沼矛を指《さ》し下《お》ろし畫《か》きたまへば、鹽《しほ》こをろこをろに畫《か》き鳴《な》して引き上げたまふ時、その矛の末《さき》より垂《しただ》り落つる鹽、累なり積りて島となりき。これ淤能碁呂島《おのごろじま》なり。その島に天降《あまくだ》りまして、天の御柱《みはしら》を見立《みた》て、八尋殿《やひろどの》を見立てたまひき」

これは『古事記』の神世七代に次ぐ国生み神話の記述である。歴史学者の上田正昭は『日本神話』の中で、「〈おのごろ島〉の場所は具体的には分からないが、それが大阪湾上の島であるとされていたことは、『古事記』に見える次の国見歌によっても知ることができる」として、〈おのごろ島〉が詠み込まれている仁徳天皇の歌を挙げて大阪湾上の島であることの根拠にしている。

そして国生み神話がいつ頃に倭王権のもとに集約された（生まれた）かについては、

「国生み神話は大阪湾上の〈おのごろ島〉を舞台に、淡路島・吉備の児島・小豆島・女島（姫島）などを生むというように、瀬戸内海地方の島々に詳しいことである」として、河内地方に有力な拠点を置いた応神皇統との関連を重視している。

一方、考古学者の森浩一『日本の古代2 列島の地域文化』（中公文庫）によると、記紀神話には本州という表現はない上に、本州島の創造に記述を集中するところもないとのことである。そして『古事記』の国土創造神話は、八島の国生みに続けて吉備児島、小豆島、大島、女島、知訶島、両児島という、全体に西日本の島々に集中していると述べている。

上田も森も同じように島を材料としているのに、結論は大きく異なっている。特に森は、国生み神話にあらわれる島や洲として表現される地域と『魏志倭人伝』の描く諸地域とが重なることに注目して、国生み神話は西日本、中でも西北九州に焦点があてられているのではないかと推測している。

こういう考古学者の見方があるにもかかわらず、最近の学界の通説では、淤能碁呂島がどこにあるのかは不明だが、国生み神話は淡路島周辺で発生したとされているようだ。これは伊邪那岐、伊邪那美の二神が最初に生んだ子が「淡路の穂の狭別島《あはじのほのさわけのしま》」とされる淡路島であることと、特に『書紀』において淡路島を胞《えな》（子宮）として国土を生んだとの記述があること、さらに淡路島に伊弉諾《いざなぎ》神宮があることなどが論拠になっていると考えられる。また伊邪那岐、伊邪那美を祀る神社が畿内に多くあることも論拠の一つとされている。

しかし、国生み神話はどう考えても弥生時代（あるいはそれ以前）に発生したもので、古墳時代以降に発生したとは到底考えられない。仮に弥生時代に発生したとするならば、「天の沼矛」が大きな意味を持ってくる。なぜなら弥生時代においては、矛は北部九州圏の青銅器であって畿内圏にはなかったものだからである。矛がなかった地域で矛を使っての説話が生まれることは考えられない。もし近畿圏で国生み神話が生まれたとするなら、弥生時代の近畿圏の祭器であった銅鐸が登場するのではないだろうか。

また、上田正昭がいうように、応神以降の河内に根拠を置いた王権のもとで説話が集約されて神話が生まれたとするならば、「天の沼矛」ではなく「天の剣」であったはずである。さらに付け加えると、『記・紀』における伊邪那岐、伊邪那美の行動範囲は九州か出雲とされており、畿内に登場することはない。

従って、国生み神話は弥生時代に矛を祭器としていた北部九州圏で生まれた、と考えることがもっとも妥当な推論であると思われる。ちなみに、『古事記』及び『書紀』の本文及び第一書から第四書まではすべて矛と淤能碁呂島が記述されているので、矛と淤能碁呂島の伝承はかなり広まっていたと考えられる。

日本文化史の研究者である重松明久は『日本神話の謎を解く』（二一世紀図書館）の中で、次ページの地図にもとづいて国生み神話は玄界灘沿岸で生まれたと主張した。

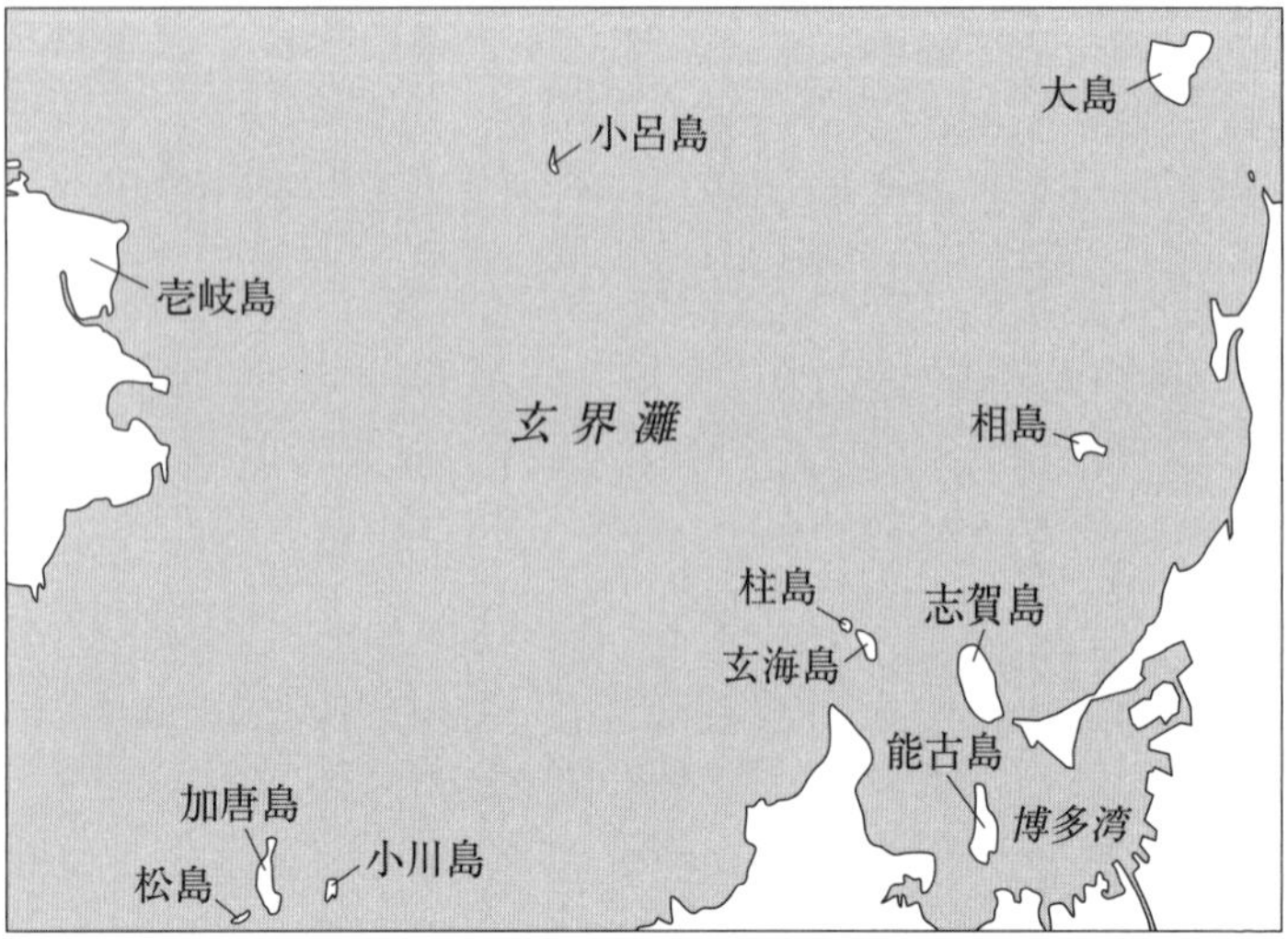

この玄界灘の地図を見ると、壱岐島の東方の海の中に「小呂島《おろのしま》」がある。また博多湾の中には「能古島《のこのしま》」がある。さらにこの地図を拡大していくと、玄界（海）島のすぐ北西に「柱島」がある。能古島、柱島、小呂島は一直線に並んでいる。

この「小呂」と「能古」の語音の順番を変えれば「おのころ」となる。こじつけのような話かもしれないが、「淤能碁呂島」と発音のよく似ている地名が玄界灘の島としてあることは、かなり重要なことではないだろうか。国生み神話に登場する淤能碁呂島とは、柱島という地名もあることを考慮すれば、まさに小呂島と能古島のことであるとすることは妥当だといえるのではないか。

先ほどの矛のことも併せて考えれば、国生み神話とは淡路島付近ではなく、北部九州の玄界灘付近で発生したと考えるほうがより合理的である。

このことは、弥生時代においては畿内よりも北部九州のほうがより先進的な地域であったことと極めて整合性が取れる推論であるといえる。『記・紀』の国生み神話は本州島についてはあまり重視していない。淡路島を国生み神話発生の地とする考え方には、どうも本州を中心とした現代日本の姿が先入観として働いているような気がする。『記・紀』を先入観に捉われずに読むことは、歴史の真相を探ることにおいて極めて重要な取り組み姿勢であるといえる。

3．岩戸隠れ伝説が意味するものとは

「始《いま》し死したらば、喪《なきがら》を停《とど》むること十余日、その時に当たりては肉を食《くら》わず、喪主《そうしゅ》は哭《こく》泣《きゅう》すれど、他人は就《つ》きて歌舞《かぶ》飲酒《いんしゅ》す。すでに葬らば、家を挙《こぞ》りて水中に詣《いた》り澡浴《そうよく》（不潔を洗い清めること）し、以て練沐《れんもく》（喪があけたのちの水ごり）の如くす」

これは『魏志倭人伝』（講談社学術文庫の倭国伝による）の倭の風俗について紹介する記述の一部である。死者が出た場合には葬るまでの何日間（後の時代の殯か）、家の者以外の人間は酒を飲んで歌い踊って楽しく騒ぐと書かれている。

一方『古事記』神代の天の岩屋戸の条では次のように記述されている（注：……は文章の省略を示す）。

「故ここに天照大御神《あまてらすおおみかみ》、見畏《みかしこ》み、天の岩屋《いわや》の戸を開きて、刺しこもり坐《ま》しき。爾《しか》くして、高天原《たかあまのはら》皆暗《みなくら》く、葦原中国《あしはらのなかつくに》悉《ことごと》く闇《くら》し。此に因《よ》りて常夜《とこよ》往《ゆ》きき。是《ここ》に、万《よろず》の神の声《こゑ》は、狭《さ》蠅《へ》なす満ち、万の妖《わざはひ》は、悉《ことごと》く発《おこ》りき。

（中略）

天宇受売命《あめのうずめのみこと》、……天の石屋の戸にうけ（桶）を伏せて、蹈みとどろこし、神懸《かむがか》りして、

胸乳《むなぢ》を掛き出だし、裳の緒を陰《ほと》に忍《お》し垂《た》れき。爾くして、高天原動《とよ》みて、八百万の神共に咲《わら》ひき。是に、天照大御神、怪しと以爲《おも》ひ、天の石屋の戸を細く開きて、内に告《の》らししく、『吾《わ》が隠《こも》り坐《ま》すに因《よ》りて、天の原自《おのずか》ら闇《くら》く、亦《また》、葦原中国《あしはらのなかつくに》も皆闇けむと以爲《おも》ふに、何の由《ゆゑ》にか、天宇受売は楽《あそび》をし、亦、八百万の神は諸々《もろもろ》咲《わら》ふ』とのらしき」

『古事記』引用文の後段、天宇受売命以降では、天照大御神が岩屋戸に隠れたあと、天宇受売が桶のような物の上で踊り、他の神々も楽しそうに笑っていると書かれている。一方の『倭人伝』には、死者が出たときには他人は酒を飲んで歌い踊って騒ぐとある。

この『古事記』後段部分と『倭人伝』の記述を比べると、大変よく似た情景を表現しているように思われる。つまり天の岩屋戸の説話とは、天照大御神の死を示していると考えられる。それゆえ、神々は歌舞飲酒して楽しそうにしていたと記述されているのではないだろうか。

さらに『倭人伝』の最後のほうの部分には、

「卑弥呼以《すで》に死し、大いに冢《つか》を作る、径は百余歩なり。殉葬《じゅんそう》する者奴婢《ぬひ》百余人なり。更《あらためて》男王を立つれども国中服せず、更《さら》に相誅殺す。当時千余人を殺す。復《ま》た卑弥呼の宗女壱与《とよ》、年十三なるものを立てて王と為す。国中遂に定まる」との記述がある。卑弥呼が死んだ後には国中で争いが起こって多くの者が死んだが、壱与を王に立てたら治まったとある。

『古事記』引用文前段には、天照大御神が岩屋戸に籠ると国中が暗くなって、大勢の神々の騒ぐ声が湧き騒ぐ蠅のようにいっぱいになり、あらゆる禍がすべて起こったと記述されている。この記述は、卑弥呼が死んだ時に国中が乱れたとの倭人伝の記述によく似ている。つまり、『記・紀』の天照大御神の岩戸隠れの説話は、『倭人伝』に記録されている邪馬台国における卑弥呼の死と壱与の王への即位、及びその間の国の中の乱れを反映したものと考えられる。

さらに、『記・紀』において、岩戸隠れの前では天照大御神が単独で行動、指示することが多いが、岩戸隠れの後では天照大御神単独ではなく必ず高御産巣日神と一緒に行動、指示するようになるという統計的な研究もある。これも年若い壱与では一人で指示することは難しいということであって、岩戸隠れの前の天照大御神は卑弥呼の反映、岩戸隠れ後の天照大御神は壱与の反映と考えられる根拠となっている。そして天照大御神が卑弥呼の反映ならば、高天原は邪馬台国の反映と考えられることになる。

歴史学の通説において、岩戸隠れの説話は冬至を意味しており、太陽の死と再生を表していると哲学的に解説されている。しかし暦のない古代の人にとって、冬至とは一年の始まりという大切な日であった。そこに死という不吉な意味が込められることなど絶対にあり得ない。

冬至の重要性は暦にも端的に表れている。現在の太陽暦の元であるユリウス暦が作られた時、年の初めの一月一日は「冬至の直後の新月」の日に定められた。「一年の初めは冬至」だが「月の初めは新月の日」という考え方によるものだと思われる。冬至を基準にして暦は作られている。

歴史学での通説は、単なる観念論にすぎない。『倭人伝』と『記・紀』を素直に読み比べてみれば、岩戸隠れの説話には卑弥呼の死と壱与の登場が明確に読み取れるものと考えられる。

4．高天原は北部九州にあった

表7は『古事記』における神々の高天原からの天降り先をまとめたものである。

この表に出てくる地名は、出雲、日向、大和を表し、弥生時代の先進地域ばかりである。ところがもう一つの重要な先進地域である北部九州を表す地名は一切出てこない。通説では、高天原は天上の世界かあるいは朝鮮半島にあったとされることが多い。もしそうならば、一人ぐらい北部九州に天降ってもよいはずである。

なぜ天降り先に北部九州が出てこないのか。到着地に名が出てこないのは、そこが出発地であった可能性が高いことを示す。従って、神々は北部九州から各地に天降ったと考えるのが最も自然な推論となる。

その結果、岩戸隠れ伝説から読み取られた「天照大御神は卑弥呼の反映」であり、「高天原は邪馬台国の反映」ということと重ね合わせると、「邪馬台国は北部九州にあった」ことが推定される。こうして『記・紀』と『倭人伝』の比較によるだけでも、邪馬台国は北部九州にあったことが導き出される。

表７　『古事記』における天降り事例

神の名	天降り先	場所
須佐之男命	出雲国の肥の河上に 降りたまひき	出雲
天菩比神 天若日子	葦原中國	出雲
雉（鳴女）	天より降り到りて 門なる湯津楓の上	出雲
建御雷神	出雲国の伊那佐の浜に 降り到り	出雲 （葦原中國）
	葦原中國に降るべし （神武の段）	大和 （葦原中國）
日子 番能邇邇芸命	豊葦原水穂国に 天降るべし	葦原中國
	竺紫の日向の 高千穂のくじふる嶺	日向
邇芸速日命	（大和へ） 追いて參降り来つ	大和

第四章　「邪馬台国畿内説」の検証・批判

1. 疑問点が多い考古学界の体質

「旧石器捏造《ねつぞう》事件」というものがあった。それは、日本各地で「〇〇原人」ブームを巻き起こした日本の前期・中期旧石器時代の遺物や遺跡とされていたものが、実は発掘調査に携わっていた考古学研究家の藤村新一が自ら事前に埋設した石器を掘り出して、発見したとする自作自演の捏造だったと発覚した事件のことである。

藤村は一九七〇年代半ばから各地の遺跡で捏造による「旧石器発見」を続けていたが、石器を事前に埋めている姿を二〇〇〇年十一月五日の毎日新聞にスクープされ、不正が発覚した。これにより日本の旧石器時代研究に疑義が生じ、中学・高校の歴史教科書はもとより、大学入試にも影響が及んだ日本考古学界最大の不祥事となった。

発掘時の状況に不審な点があり、「旧石器発見」に批判的な考古学者もいたが、考古学会は捏造発覚以前の二十五年間、捏造を批判した考古学者や研究者を排斥したり圧力を加えたりすることによって、事実上の学会八分（村八分）にして、捏造批判の声が噴出する機運を押さえつけた。考古学に関心がある者なら誰もが忘れられない事件である。

表8　出土物と古墳の築造年代

AD	100年	200年
出土物年代	A	B
古墳の年代	100年	200年

考古学の基本的原則とは、遺跡や古墳の築造年代は、最も新しい年代とされる出土物によって決定するというものである。上の**表8**で言えば、ある古墳からA（一〇〇年頃製作）とB（二〇〇年頃製作）の出土物が出てくれば、古墳の年代は早くても二〇〇年頃と推定される。しかし、Aが出土しているから古墳の年代も一〇〇年頃だとすれば、古墳が造られた頃には存在しなかった遺物Bが古墳の中に埋められていたという矛盾した話になる。従って、時期的に異なる出土物があれば、時代が新しいほうの出土物の年代を採用することが本来は基本であった。

ところが最近の考古学者は考え方が異なるようだ。以下は『前方後円墳の成立』（岩波書店　一九九八年）という考古学者の近藤義郎著作の中の記述である。

「伴出の土器は、畿内の土器編年でいうと庄内式から布留式（古）の範囲に入る。ところで問題は、岡山県の宮山と箸墓古墳自身にある。両者に共通する特殊な土器が発見さ

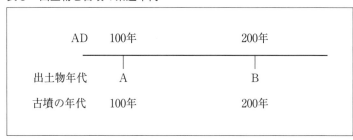

れているのだ。箸墓は、先年宮内庁によって採集された都月型円筒埴輪から布留式（古）ないしその直前という時期が考えられているが、実はそこにはその埴輪よりも明らかに古式の土器も発見されている。その土器は宮山型特殊器台と呼ばれ、早く岡山県宮山で発掘された埋葬祭祀用の特別な土器である。それは吉備で成立した特殊器台・特殊壺の最後の型式で、畿内編年では庄内式に入る。同じ型式の土器が箸墓古墳の後円部頂でみられるということは、宮山と箸墓の時間的前後は今後の課題として、箸墓の築造がその時期にあり、都月型円筒埴輪はその後の祭祀に伴うものであることを示している」

表8（前ページ）に譬えれば、BよりもAという古い出土物があるのだから、古墳の築造年代は時期が古いAの年代を採用するという、まさに基本原則無視の論理である。

また、『邪馬台国——唐古・鍵遺跡から箸墓古墳へ——』（雄山閣二〇一〇年）の中で、大阪府教育委員会（その前は奈良国立文化財研究所）の西川寿勝は「弥生土器から土師器へ」と題するコラムを書いている。非常に興味深いことが書かれているので少し触れておきたい。

（コラムの概要）

●二〇〇八年十二月にホケノ山古墳の報告書が刊行された。この墓からは、竪穴《たてあな》式石室の成立以前とされる石囲い木槨《もっかく》が発見され、副葬品には三角縁神獣鏡がなく古墳成立前夜の様相を示すとされた。

●木槨の上面に十三個の壺形土器が並べられ、壺形土器群は庄内式期のものと意見が一致しており、多くの研究者は古墳成立以前の墓としてホケノ山墳墓などと呼んでいた。

●ところが壺形土器群に混じって、布留Ⅰ式の指標とされてきた小型ミニチュア土器三種のうち、精製の丸底壺が四個体も確認されていた。当初それは混入したものと聞いていたが、四個体の丸底壺は混入とは見なされない出土状況であったという。

●この事実を直視すれば、最初に定型化したとされる箸墓古墳のすぐそばに、定型前段階の要素を持つ墳墓が後から営まれたという結果となり、古墳発生の意義や全国画一的な前方後円墳体制の流布を根底から見直すものとなる。

●調査から十年近くを経て刊行された報告書には、四個の小型丸底土器の帰属について苦慮のあとがうかがえる。すなわち十三個の壺形土器は細部の多様性を新しい要素として庄内式のもっとも新しい段階と捉え、四個の丸底土器は、これまでの出現時期を見直して庄内期に遡らせるというものであった。これらを総合してホケノ山の造営年代は庄内期の新段階とされた。

●三角縁神獣鏡の大量副葬が確認された黒塚古墳についても、いくつかの土器が出土しているが公表されていない。従って、古墳の年代観はさらに議論を呼ぶ可能性がある。小型丸底土器の出土を評価して時期区分されてきた崇神陵古墳・メスリ山古墳などの年代観にも影響するかもしれない。

小型丸底土器

「布留式土器の時代」の指標となる壺形の土器で、口縁部の直径が体部の直径よりも大きいのが特徴である。

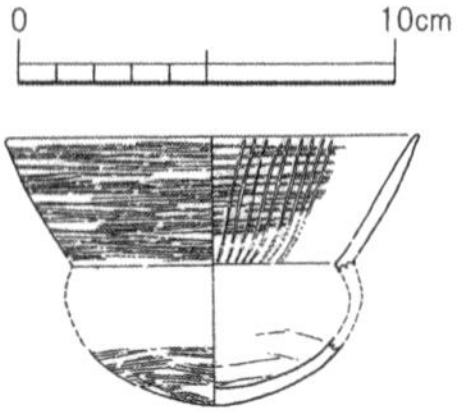

篦被

篦被《のかつぎ》は弓の矢の竹の棒の部分（矢柄《やがら》）に取り付け被せる部分をいう。図は古墳時代の篦被のある銅鏃。

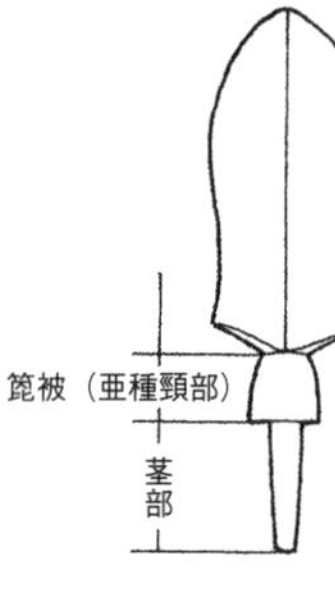

図２　小型丸底土器と篦被
安本美典『「邪馬台国＝畿内説」「箸墓＝卑弥呼の墓説」の虚妄を衝く！』より

つまり、従来では四世紀の布留I式とみなされてきた小型丸底土器が出土したために、ホケノ山古墳の年代が新しくなっては都合が悪いので、従来の出現時期を見直して庄内期に早めるということである。自説に都合が悪いと事実を変えてしまうという、学問にあらざる行為だと思われる。

さらに衝撃的なのは、黒塚古墳から出土したもので公表されていない土器があるということである。恐らく公表すれば小型丸底土器のような問題が出てくると考えられたのであろう。学問的良心の欠片《かけら》もないではないか。

古墳や遺跡の築造年代は出土物の年代の古いものを基準に考えるという暴論であったり、自説に都合の悪い出土物は恣意的に年代を変えたり、あるいは公表さえしないという考古学界の異常性が明らかになっている。最近の考古学界は「旧石器捏造事件」と同じような状況に陥りつつあるように思われる。

2. 墓場の中に卑弥呼の宮殿が？

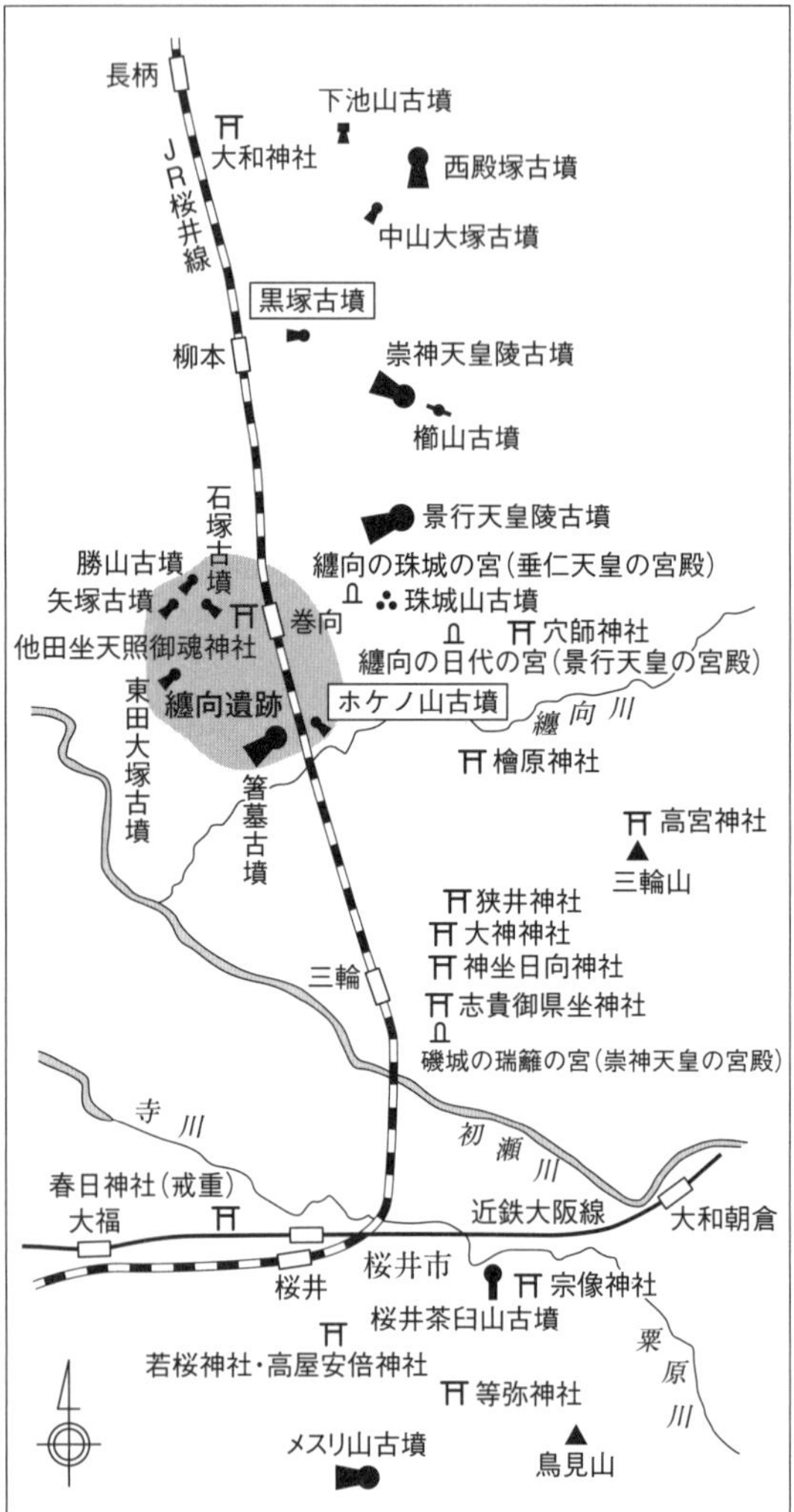

図３　纏向遺跡の周辺地図

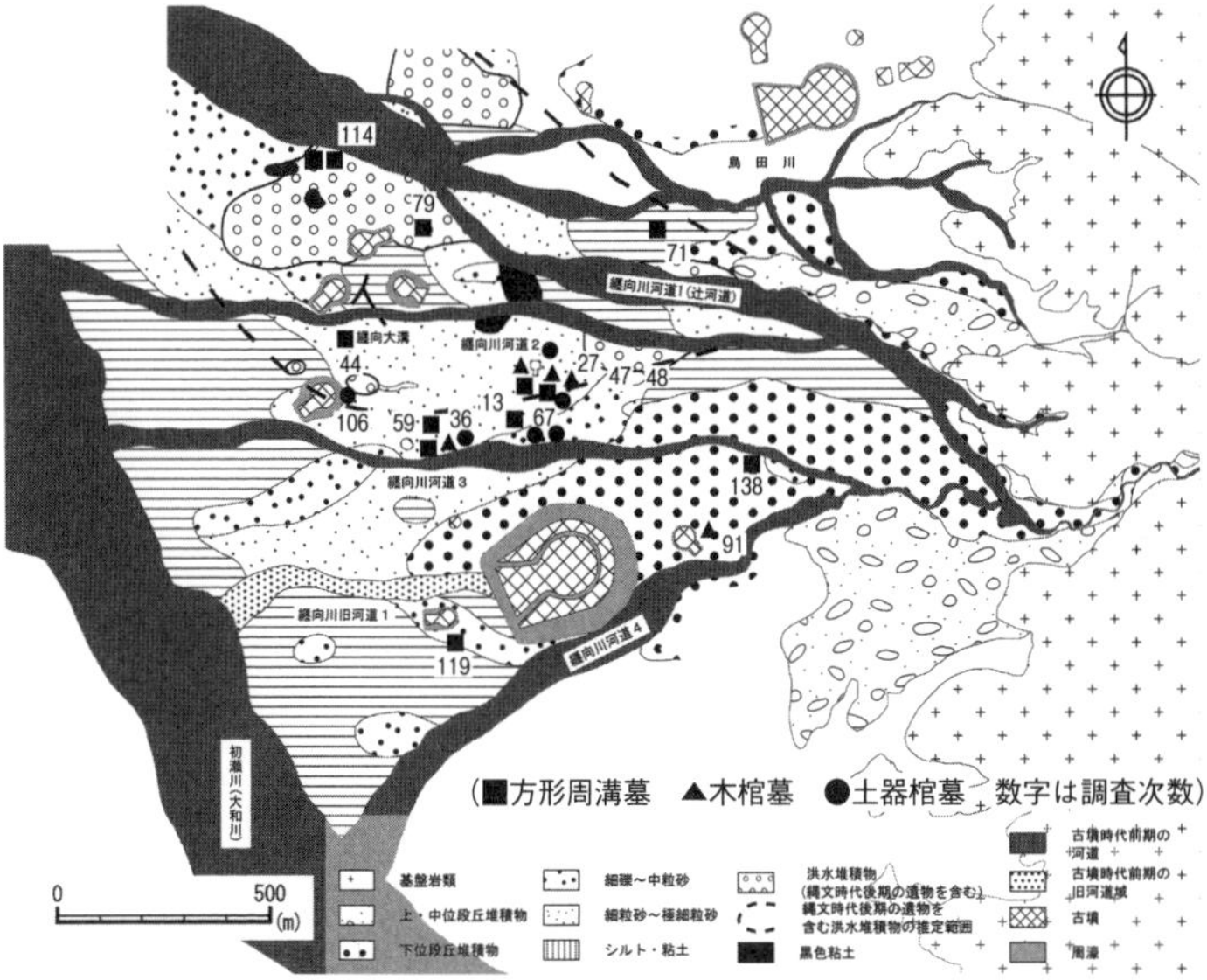

図４　纏向遺跡墳墓分布
「奈良県桜井市 纏向遺跡発掘調査書３」より

二〇〇九年十一月、奈良県桜井市纏向《まきむく》遺跡で、国内最大規模の大型建物跡が発見された。マスコミは卑弥呼の宮殿かと大きく報道した。まるで纏向遺跡が邪馬台国であると決定したかのような騒ぎ方であった。

図3は纏向遺跡周辺の地図である。初瀬川と纏向川に囲まれた三角地帯は、昔から〝聖なる地〟と言われていたそうである。その証拠にこの三角地帯には古墳は築造されていない。茅原大墓《ちはらおおはか》古墳が造られるのは五世紀になってからである。珠城《たまき》の宮や日代《ひしろ》の宮があったとされる所の近くに珠城山古墳群があるが、これは六世紀になっ

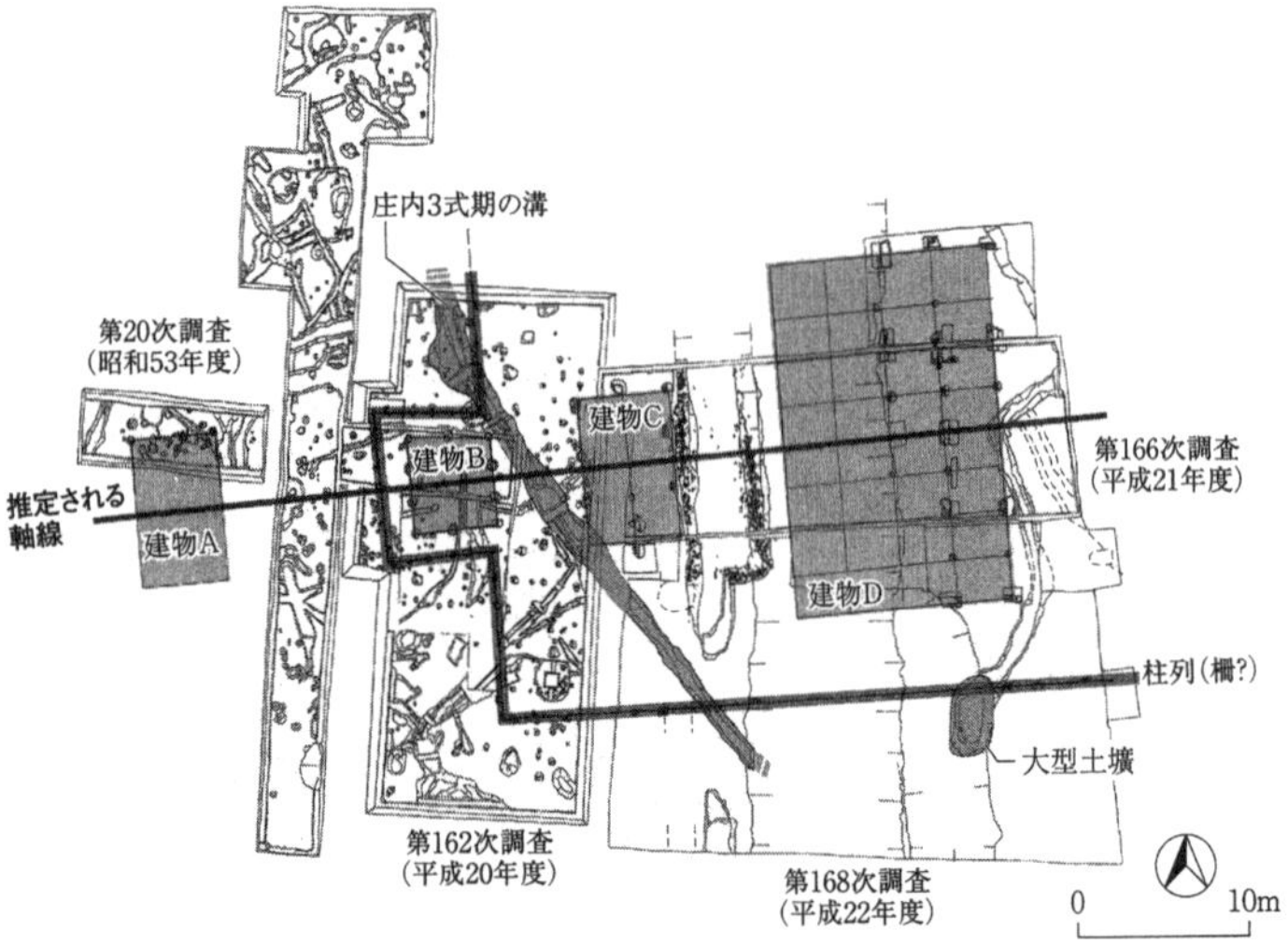

図５　纒向遺跡の建物配置図
都出比呂志『古代国家はいつ成立したか』より

てから造られた古墳群である。ところが、纒向遺跡のすぐ近くには、石塚古墳、勝山古墳、矢塚古墳など多くの古墳がある。さらに**図４**（前ページ）に見られるように、纒向遺跡の大型建物跡の周辺には、メクリ古墳をはじめ数えきれないほどの方形周溝墓や木棺墓などが見つかっている。この辺りは、この地域を支配していた勢力の〝奥津《おくつ》城《き》〟つまり〝墓域〟といっていい地域である。そんな墓域に宮殿など建てるはずがない。

図５は纒向遺跡の建物跡の配置図である。一番左の点線で囲われた建物Ａは、当初は建物跡とされていたが、現在ではここには建物はなかったとされている。

一番右の建物Dが二〇〇九年に発掘された大型建物の跡とされている。横四区画×縦八区画のマス目の部分が建物跡とされている所である。

ただし、左側のマス目の角には柱跡の印が付けられていない。これは**図6**を見るとさらに明確であるが、大型建物跡とされる部分の約四割部分には柱穴の跡がないのである。従って、建物Dが**図5**のような広さであったのかどうかは確定していないのが実情である。右側の部分の柱穴から推定して大型建物であるとしているのが現状の姿で、実際に、大型建物は推測の範囲にすぎないという考古学者も存在する。従って、卑弥呼の宮殿ではないかとされる纏向遺跡の大型建物は本当に存在したのかどうかは、学問的な厳密さでいえば疑わしい状況にあるといえる。

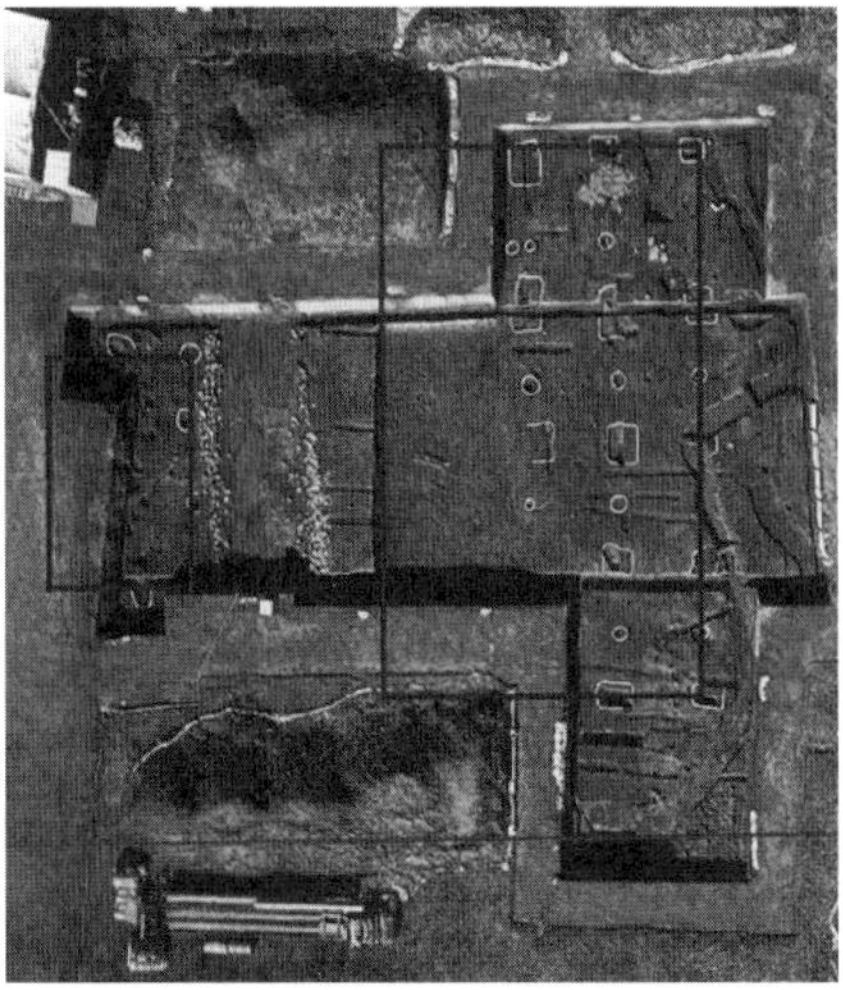

図6　纏向遺跡の大型建物跡
水野正好ほか『邪馬台国ー鍵遺跡から箸墓古墳へー』より

大型建物跡が発掘されたとする翌年（二〇一〇年）に、建物の南約五メートルの土坑（**図5**の大型土坑の部分）から桃の種が約二八〇〇個発見された。次は二〇一八年五月の朝日新聞夕刊の記事である。

「女王卑弥呼が治めた邪馬台国の有力候補地とされる桜井市の纒向遺跡で出土した桃の種について放射性炭素（C14）年代測定を実施したところ、西暦一三五年〜二三〇年とみられることが分かった。市纒向学研究センターの最新紀要で報告された。種は遺跡の中枢部とみられる大型建物跡（三世紀前半）の近くで出土したもので、大型建物の年代が自然科学の手法で初めて測定されたことになる。卑弥呼が君臨したとされる時代の可能性が高まった。

中村俊夫名古屋大学名誉教授と近藤玲徳島県教育委員会主事が、それぞれC14年代測定を実施し、測定結果を発表した。中村さんは十五個を測定し、数値の読み取れなかった三個を除いた十二個について一三五年〜二三〇年と測定。近藤さんも桃の種二個で同様の結果が出たほか、土器付着の炭化物も分析し一〇〇年〜二五〇年に収まる可能性が高いとした」

この記事には次のような疑問点がある。第一に、発見から結果の発表までなぜ八年もかかったのかという点である。第二は、なぜ測定・分析した桃核は十五個だけなのかということである。

普通に考えれば、わずか十五個の分析に八年もかかるはずがない。恐らく、八年のうちに何百個という個数の測定・分析を行ったはずである。ところが、邪馬台国畿内説に都合のよいデータがなかなか得られずに、測定・分析を八年続けて、ようやく都合のいいデータが出てきたので公表したということではないだろうか。

二八〇〇個のうちのわずか〇・五パーセントのサンプルでは分析とは言えない。せめて一〇パーセントに相当する三〇〇個ぐらいのサンプルデータを公表してほしいものだ。まさに現状は、二八〇〇個の桃の種はどこへ行ったのかと言わざるを得ない状況である。

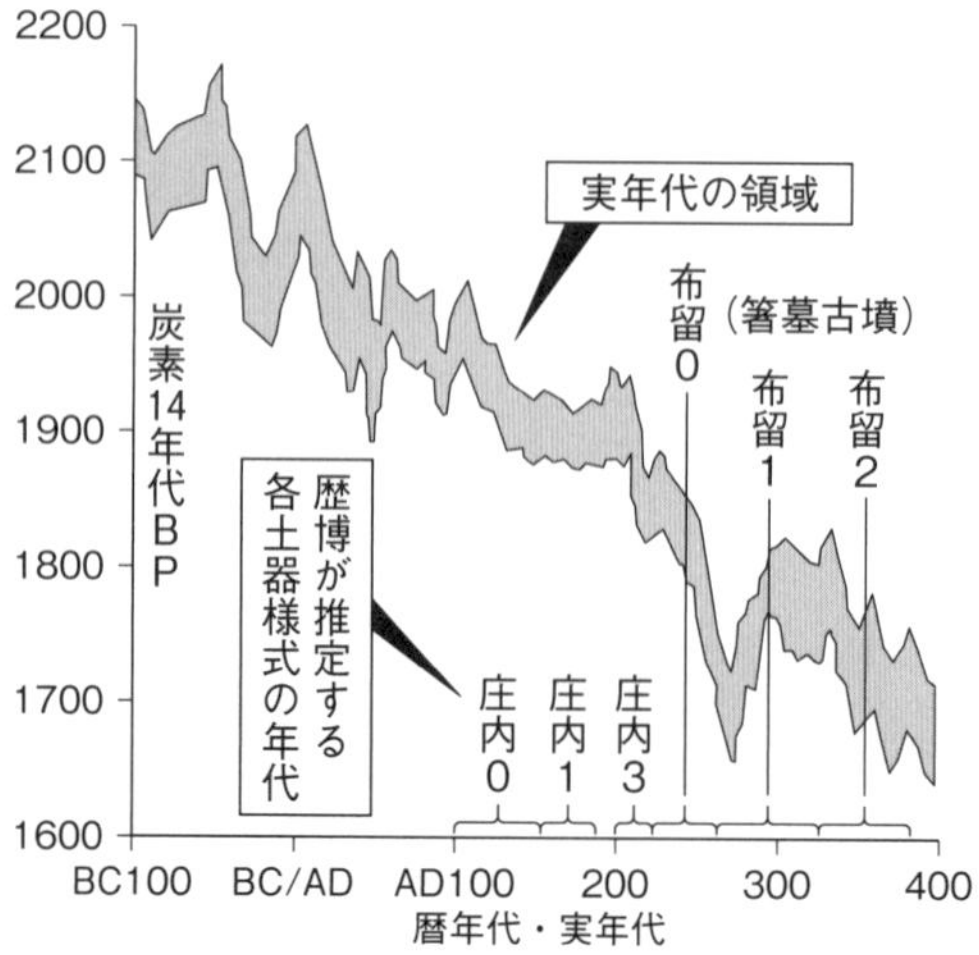

図7　炭素14年代BPと暦年代・実年代
安本美典『「邪馬台国＝畿内説」「箸墓＝卑弥呼の墓説」の虚妄を衝く！』より

3. 炭素14年代法と年輪年代法は科学的な年代測定方法なのか？

原子核は太陽のように原子の粒の中核である。原子核は陽子と中性子とが結合して出来ている。ところが炭素としての性質はまったく変わらないのに、原子核を構成する中性子の数の多い炭素と少ない炭素がある。そのため原子の粒の重さの異なる炭素12、炭素13、炭素14の三種類がある。これら重さの異なる原子を同位体という。このうち炭素14だけは放射線（β線）を出して壊れていき、窒素に変わってしまう。炭素14が壊れていく速度は、およそ五七三〇年で元の量の半分になる。つまり「半減期」が五七三〇年ということである。

生物が生きている時の生物中の炭素14の量は、大気中の炭素14の量と同じである。生物が死ぬと、新しい炭素を体内に取り入れられなくなるので、死体中の炭素14が崩壊していくだけとなる。従って現在残っている炭素14の量を測れば、その生物が死んだ年代（新しい炭素を取り入れなくなった年代）を求めることができる。求めた炭素14の値は、一九五〇年から何年前かを示す値にする約束となっている（例えば「一七〇〇年ＢＰ」であれば「一九五〇マイナス一七〇〇＝二五〇」で西暦二五〇年頃ということになる）。

ただし、炭素14年代法の問題点としては、第一に、**図7**（前ページ）の実年代の領域に見られるように測定の精度の幅が広いので、場合によっては一〇〇年とか二〇〇年という測定の幅が出てくる。第二には〝古木効果〟というものがある。これは試料によっては古い年代が出やすいものがあることで、特に国立歴史民俗博物館（以下歴博）がよく試料として使う〝土器付着の煤《すす》〟は年代が非常に古く出ると言われている。

年輪年代法とは、**図8**（次ページ）の経緯図にあるように現在から過去に遡り同一種類の樹木を集めて計測した年輪幅を時系列でつなぎ合わせ、モノサシとなる暦年「標準パターン」をまず作成する。次に調べたい樹木の年輪パターンを暦年「標準パターン」と照合して伐採年代を求める年代測定方法のことである。日本では奈良文化財研究所（当時）の

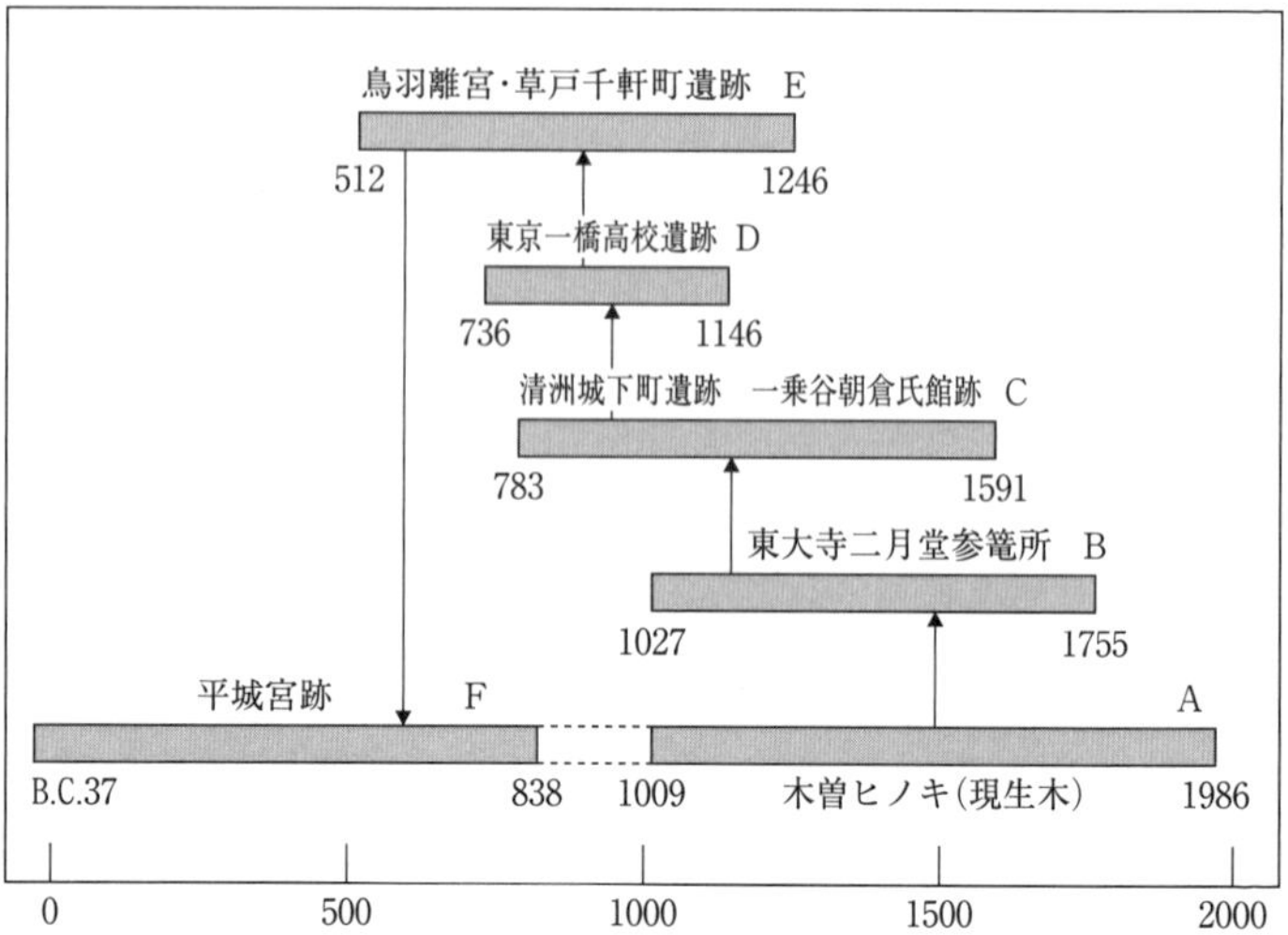

図８　ヒノキの暦年標準パターン作成経緯図
鷲崎弘朋『木材の年輪年代法の問題点』より

光谷拓実《みったにたくみ》氏により開発されて、二〇〇八年時点ではヒノキ材は紀元前九一二年、スギ材は紀元前一三一三年までの標準パターンが完成している。

この手法により、大阪府の池上曾根遺跡、纒向石塚古墳、纒向勝山古墳、法隆寺五重塔のヒノキ材の年輪を鑑定したところ、

1．弥生時代は土器年代による通説より一〇〇年古く、

2．古墳時代の開始は通説の三〇〇年頃から二〇〇年頃へと一〇〇年古く、

3．記録では七〇〇年頃再建の法隆寺も一〇〇年古く、

と、それぞれ年代がそれまでの通説よりも一〇〇年ほど繰り上がった。

特に池上曾根遺跡の大型建物の柱根

の伐採が紀元前五二年と測定されたことのインパクトは大きく、同時に出土した土器（弥生Ⅳ－3様式）の年代が紀元前まで一〇〇年古くされたことにより、邪馬台国畿内説を主張する一部の研究者を中心に、日本の古代の年代の一〇〇年前倒しが急速に浸透した。歴博による〝箸墓古墳は卑弥呼の時代〟説はこうした風潮の中で提唱されたものである。

ところが、この年輪年代法の基礎データは公開されておらず、光谷拓実氏以外は誰一人として科学的妥当性を検証できない状況にある。そのため、『この基礎データは公開されておらず、チェックする同業者が一人もいない。自然科学の実験データや操作は互いにチェックし合う者がいないことほど危ういものはない』（寺沢薫氏…当時は橿原考古学研究所）や、『日本の年輪年代法は、信頼性の検証ができないので結論を急ぐ必要はない』（東京大学名誉教授の太田博太郎）など批判は根強い。

実際のところ、〝年輪年代法〟とは極めて科学的な手法であるかのようだが、開発者の一人しか測定できずに他の誰もが検証できないような手法が、〈再現性〉を旨とする科学の名に値するのだろうか。光谷氏のかつての上司はすでに亡くなった佐原真という歴博の館長を務めていた考古学者である。日本の年輪年代法は、歴博系研究者グループの自説第一主義によって完全に隠蔽された状況にある。

現在の大方の評価では、奈良時代以降は科学的手法として採用してもよいが、それ以前の古代についてはほぼ一〇〇年ほど古い測定値となるとのことで、標準パターン作成時の樹木史料のつなぎ合わせの時に一〇〇年の狂いが生じたのではないかと考えられている（だが検証はできない）。

以下は、奈良時代より前の時代の遺物の年輪年代法による測定値に対する指摘事項である。

イ、法隆寺五重塔心柱の場合

五九四年伐採と測定されたが、法隆寺は六七〇年に全焼して七世紀末～八世紀に再建されたとする定説とはほぼ一〇〇年の違いがある。五重塔の心柱という重要な部分に一〇〇年前の古材を使用することは考えられない。

ロ、池上曾根遺跡について

大型建物と同時に出土した土器は弥生Ⅳ－３様式とされる。大阪府瓜破《うりわり》遺跡から弥生Ⅴ様式の土器に貨泉が入れられた状態で出土した。この貨泉は後漢初期に鋳造されたもので、日本への流入は早くても一世紀の中頃以降となる。そうすると弥生Ⅳ－４様式とⅤ様式の境界は、一世紀後半から末とする従来通説が正しいことになる。従ってⅣ－３様式の土器は一世紀中頃となる。

寺沢薫氏はⅣ－３様式を紀元前とするのは貨泉問題からみて無理だとしている。つまり池上曾根遺跡の紀元前五十二年伐採測定は、年代が一〇〇年ずれていると考えるのが妥当ということになる。

ハ、纏向石塚古墳、勝山古墳の場合

石塚古墳は一九〇年～二〇〇年伐採、勝山古墳は推定二〇〇年～二一〇年伐採の測定であるが、同時に出土した布留0式土器年代（従来通説は三〇〇年以降、最近では二六〇年～三〇〇年とする学者が多い）と合わない。石塚古墳の周濠《しゅうごう》からは「加工跡のない木材」も出土しているが、これを炭素14年代法で測定したら西暦三二〇年の測定値が出ている。

いずれにしても基礎データが公開されていないので、土器や鏡や貨泉などの共伴がないとそもそも検証は不可能であって、光谷氏の言いっ放し状態にならざるを得ない。

しかし、少なくとも検証可能な共伴出土物があるところでは、年輪年代法の測定値は、概ね正しいと考えられる年代よりも一〇〇年ほど古く出ていることには間違いがないようである。

二〇〇九年五月三十一日に国立歴史民俗博物館の研究発表が行われた。そこで発表された歴博のレジュメの概要は次のようになっている。

「本研究は、炭素14年代測定法に基づいて箸墓古墳の出現問題に取り組むものとして、主に土器付着の煤の分析を中心に弥生後期から古墳前期の遺跡の年代測定に基づいて、箸墓古墳から出土した土器は布留0式とする。そして、庄内3式の下限は二一〇年頃、布留1式の上限を二七〇年頃とすると、箸墓古墳の布留0式は、纏向石塚の庄内3式と布留1式に挟み込まれる二四〇〜二六〇年代と捉えるのが合理的である」

としている。

つまり、古い年代が出やすい土器付着の煤の分析に基づいて出土土器を布留0式とし、その前後の土器様式に推定の年代を当てはめることによって、布留0式の土器様式の実年代を狭い幅で推定しようとしているのである。土器様式の推定年代に基づいて限られた年代を推定しているのであって、箸墓の年代が炭素14年代法から直接的に導かれているのではない。

ところが、この内容は考古学会で三十一日に発表される前に、二十九日付朝日新聞朝刊に掲載されたことに、多数の考古学者からは強い批判が湧き起こった。学会での発表よりも前にマスコミ発表をして、内容の既成事実化を図るというのは歴博の常套《じょうとう》手段である。

注：庄内0式→庄内1式→庄内2式→庄内3式→布留0式→布留1式→布留2式という土器様式の順序については寺沢薫氏の編年に従っている。

前記の歴博発表の前年に奈良県立橿原考古学研究所が編集発行した『ホケノ山古墳の研究』の中に、橿考研の奥山誠義による「ホケノ山古墳中心埋葬施設から出土した木材の炭素14年代測定」という報告書がある。その概要をまとめられたのが**表9**（安本氏の著書からの引用）である。

ホケノ山古墳とは、箸墓古墳よりはやや前に築造された古墳と考えられているが、**表9**の古木効果の影響を考える必要のない試料の場合、ホケノ山古墳は四世紀前半頃に築造されたとの測定結果が出ている。歴博の測定年代とは大きく異なっている。

表9　ホケノ山古墳の年代測定値の比較

古木効果の有無	［A］古木効果の影響を考える必要のないもの	［B］古木効果の影響を考える必要のあるもの	
資料番号	(1)(2)	(3)	(4)(5)(6)(7)(8)
(a)どんな資料か	最外年輪を含むおよそ12年輪の小枝	南北添え柱材（部位が不明で木材の内側であった可能性が考えられる）	木棺北側の炭化した部分
(b)炭素14年代BP	(1) 1710±20年 (2) 1691±20年	(3) 2117±21年	(4) 1880±50年 (5) 1820±40年 (6) 1910±40年 (7) 1940±40年 (8) 1880±40年
(c)推定された暦年代	(1) 250〜400年 (2) 250〜420年	(3) BC210 〜 BC50年	(4) 30〜245年 (5) 5〜55年 (6) 20〜215年 (7) 30〜135年 (8) 55〜235年
(d)一応の参考としての暦年代中央値	(1) 325年 (2) 335年	(3) BC130年	(4) 137.5年 (5) 30年 (6) 117.5年 (7) 82.5年 (8) 145年

安本美典『「邪馬台国＝畿内説」「箸墓＝卑弥呼の墓説」の虚妄を衝く！』より

それは、歴博の発表では年代測定試料二十三種類のうち、土器付着物が十五種類を占めており、歴博が年代の古く出る試料を採用していることによる。

注：古木効果…古代では大きな材木は貴重であったので再利用される場合が多かった。また、風倒樹や流木の利用、木材の貯蔵という例もあり、利用時と伐採時が大きく異なる場合がある。

表10　箸墓古墳の年代測定値の比較

古木効果の有無	[A] 古木効果の影響を考える必要のないもの	[B] 古木効果の影響を考える必要のあるもの
資料番号	(1)(2)(3)	(4)(5)
(a)どんな資料か	桃核（桃の種の固い核《から》の部分）	ヒノキ
(b)炭素14年代 BP	(1) 1710±70年（布留１式） (2) 1620±80年（布留０式古相） (3) 1840±60年（布留0式古相）	(4) 2080±60年（布留0式古相） (5) 2120±60年（布留0式古相）
(c)推定された暦年代	(1) 145～515年 (2) 245～620年 (3) 65～350年	(4) BC330～AD65年 (5) BC360～AD15年
(d)一応の参考としての暦年代中央値	(1) 330年 (2) 433年 (3) 208年	(4) BC197年 (5) BC187年

安本美典『「邪馬台国＝畿内説」「箸墓＝卑弥呼の墓説」の虚妄を衝く！』より

表10は二〇〇二年に橿考研が刊行した報告書『箸墓古墳周辺の調査』の中に掲載されている、箸墓古墳から出土したいくつかの遺物の炭素14年代測定値である。これは周濠などではなく箸墓古墳そのものから出土した試料なので、箸墓古墳の年代を考える試料としては貴重である。

測定結果は、ここでも従来の四世紀という通説を支持する測定結果となっている。現在の考古学界における古墳時代の一〇〇年遡上論は、この炭素14年代法による古木効果と年輪年代法の一〇〇年のズレを主な根拠としており、学問的には非常に精度の低い議論であるといえる。

ちなみに、邪馬台国畿内説である大阪大学名誉教授の都出《つで》比呂志氏の『古代国家はいつ成立したか』(岩波新書)においては、第二章は「卑弥呼とその時代」で邪馬台国問題を扱っているが、第三章は「巨大古墳の時代へ」として、一気に〝倭の五王〟を取り扱うようになっている。

〝倭の五王〟とは五世紀の話である。要するに、かつて〝謎の四世紀〟といわれた時代を通り越して、三世紀から一気に五世紀に話が飛んでいる。「邪馬台国畿内説」あるいは「箸墓＝卑弥呼の墓説」にしてみれば、これは致し方のないことなのだろう。

箸墓古墳については、『記・紀』では崇神天皇の段に登場する。箸墓が三世紀のものであるのなら、当然、崇神天皇やそれに関する伝承・伝説なども三世紀のこととして取り扱うことにならざるを得ない。本来四世紀のことが、一〇〇年遡上論によってすべて三世紀のこととされている。しかし、五世紀の応神天皇以降については年代がかなり明確になっており、四世紀へ遡上させることはできない。そのために四世紀はまさに〝空白の四世紀〟としてスルーするしかないのである。

歴史は継続しており、時間に途切れはない。ところが「邪馬台国畿内説」あるいは「箸墓＝卑弥呼の墓説」に従うとすれば、四世紀は空白となって時間が途切れてしまう。近い将来、「邪馬台国畿内説」あるいは「箸墓＝卑弥呼の墓説」が破綻することになれば、それはこの〝空白の四世紀〟が端緒になるものと考えられる。

4. 三角縁神獣鏡は倭の国内で作られた鏡だった

一九九七年（平成九年）から翌年にかけて、崇神天皇陵近くの黒塚古墳（天理市柳本《やなぎもと》町）の発掘調査が行われた。その時の出土物の内容・状況には、邪馬台国畿内説の研究者は大きな衝撃を受けることになった。

竪穴式石室（槨）の中に置かれた木棺の周りには、三十三面の三角縁神獣鏡がぞんざいに置かれていた。木棺内には北向きに寝ている被葬者の頭の上に、画文帯神獣鏡一面が丁寧に立てて置かれ、被葬者の左右にはそれぞれ刀と剣が一本ずつ置かれていた。

この発掘の状況を見れば、画文帯神獣鏡と三角縁神獣鏡の扱いの差は歴然としており、三角縁神獣鏡は卑弥呼が魏からもらった鏡ではなかったことは一目瞭然であった。

かつて、三角縁神獣鏡は卑弥呼が魏の皇帝からもらった鏡であり、それは畿内を中心に出土しているので、邪馬台国は大和にあったという説が盛んだった。しかし、棺の外にぞんざいに三十三面も並べられた鏡が卑弥呼の鏡であるはずがない。この発掘は邪馬台国畿内説にとって致命的な出来事であったに違いない。

これ以降、年輪年代法での池上曾根遺跡の紀元前五二年の鑑定もあって、邪馬台国畿内説の主張の主眼は、三角縁神獣鏡から箸墓古墳の築造年代へと変わっていった。

考古学者の都出比呂志氏は、『古代国家はいつ成立したか』の中で特に「三角縁神獣鏡の謎」という項目を設け、依然、三角縁神獣鏡は魏からもらった鏡であると主張している。ただ三角縁神獣鏡は日本国内では何百面と出土しているのに対し、肝心の中国では一面も出土していない。そのため都出氏は、三角縁神獣鏡は魏の皇帝が卑弥呼のために特別に鋳造した〝特鋳鏡〟説を主張している。特鋳鏡だから中国では出土しないのだという辻褄《つじつま》合わせの論である。

本来、これを主張するのなら、後漢や魏の時代に朝貢国に対して鏡を特鋳して贈ったことがあることが、文献などで確認されねばならない。特鋳鏡がよくあることなら何かの文献に載っていてもおかしくはない。

反対に、卑弥呼だけに特鋳して贈ったのなら、よほど特別のことであって、魏の文献のどこかに記録され

表11　三国時代から南北朝時代の中国

	（北部）	（南部）
220年	魏成立	
222年	↓	呉成立
265年	西晋成立	↓
280年	西晋が南北統一	呉滅亡（西晋）
316年	西晋滅亡	↓
317年	↓	東晋成立
	五胡十六国	↓
420年		宋成立
442年	北魏が北部統一	↓
	（北朝）	（南朝）

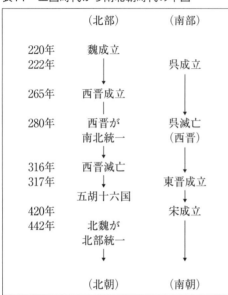

ていてもおかしくはない。だが、そうした検証を行った気配は一切見られない。中国で出土しないことに対応するためだけの小手先の主張といえる。

そもそも「三角縁神獣鏡」や「画文帯神獣鏡」は中国南方の長江流域系の鏡であって、中国北方の魏・西晋地域の鏡ではない。中国を代表する考古学者の王仲殊は『三角縁神獣鏡』（学生社一九九二年）の中でこう述べている。

「ここで注意すべきことは、中国の平縁神獣鏡がどの種類であれ、すべて南方の長江流域の製品であって、北方の黄河流域のものではなかったことである。最盛期である三国時代のさまざまな平縁神獣鏡を例にとると、それらは長江流域の呉鏡であって、黄河流域の魏鏡ではない」

「要するに、魏の領域内では三角縁神獣鏡はもともと存在していなかったばかりか、各種の平縁神獣鏡すらも絶無に近かったのである」

「中国では、北方や南方の各地において、大量の銅鏡が古墳から発掘されたにもかかわらず、三角縁神獣鏡らしきものは一面も出土していない。この明々白々たる事実は、三角縁神獣鏡が中国からの舶載品ではなくて、日本国内の製品ではなかったかということを強く感じさせられる」（以上は『季刊邪馬台国一二四号』より引用）

つまり三角縁神獣鏡は日本で作られた鏡であり、さらに神獣鏡という文様の鏡は魏の地域にはなかった鏡であるということである。

一方、青銅製品に含まれる鉛の同位体比の分析も行われている。東京国立文化財研究所の馬淵久夫氏・保存科学部長（当時）は、鉛同位体比法による産地推定を行ってきた。銅そのものから原産地を知る方法はないが、古代青銅器にはほとんど例外なく鉛が含まれ、その解析から鉛の原産地を推定することができる。

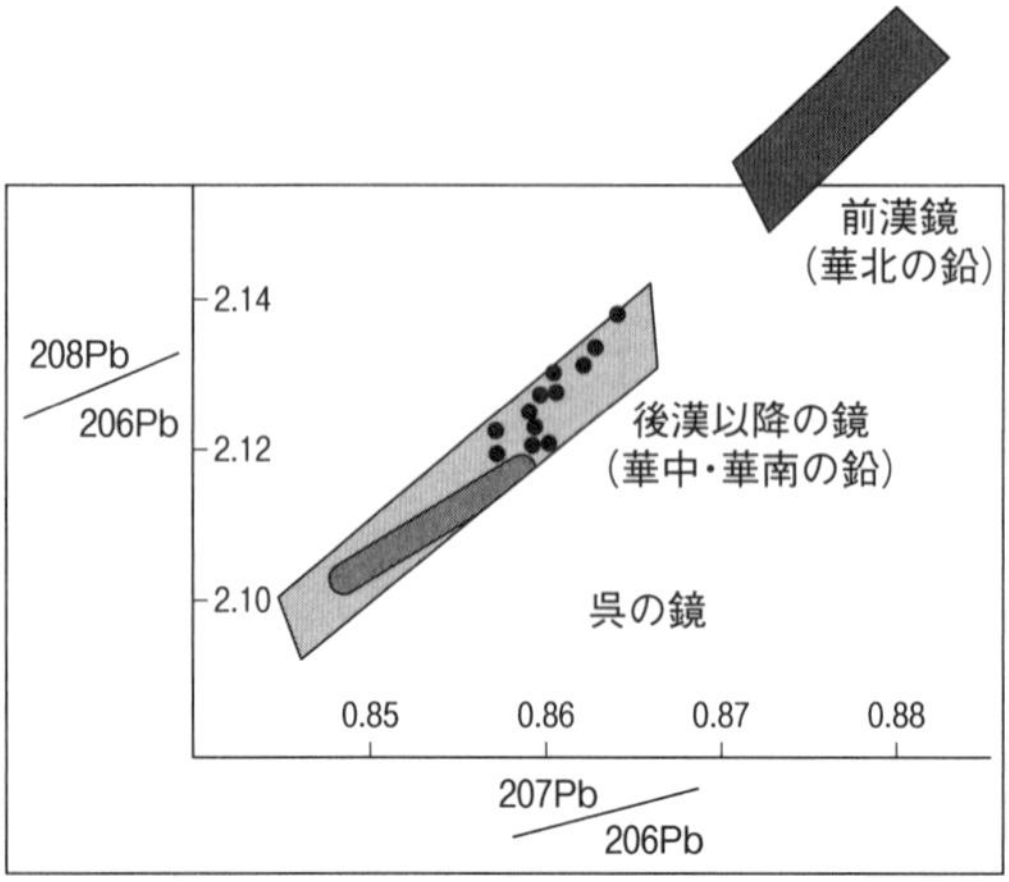

三角縁神獣鏡のうち、「船載鏡」とされるものの鉛同位体比測定結果。後漢中期以降の鏡（原料産地でいうと、華中・華南）の領域に入るが、かなり偏って位置し、呉鏡とは重ならない。

図９　三角縁神獣鏡の鉛同位体比分析
柏原精一『邪馬台国物産帳』より

馬淵氏は、これまで二五〇〇点の銅器の鉛同位体比を測定し、そこから得られた結論として、弥生時代に日本で作られた銅製品に含まれる鉛（銅の産地とほぼ一致する）の素材供給地の変遷は次のようであるとする。

まず、弥生初期には朝鮮半島から供給され、それが漢の武帝による楽浪郡設置（紀元前一〇八年）以降には、中国の華北に移ったとのことである。弥生も末期になると同じ華北でも同位体比が極めて狭い地域に集中するようになって、原料供給地が一定の鉱山に限られてくる。そして古墳時代になるとようやく華中や華南の原料が登場してくるという変遷であるということである。そして、この時代になると逆に華北の原料はまったく認められなくなるということであった。

図9は、三角縁神獣鏡の鉛同位体比の分析図である。三角縁神獣鏡の鉛の原産地は華中・華南の鉛と同じ範囲にプロットされている。馬淵氏によると、

「華北のものより時代の下る華中・華南の鉛が検出されており、三角縁神獣鏡の出土が前期古墳に限られていることを考えると、この形式の鏡は古墳時代に入ってからのものである可能性が強い」

ということである（以上は柏原精一『邪馬台国物産帳』より引用）。

この鉛の原産地の変遷と三角縁神獣鏡の分析結果及び王仲殊の発言は、**表11**に示した三国時代から南北朝への変遷と大筋では見事に一致していると思われる。邪馬台国時代の日本は魏及び西晋に朝貢していた。この時代には南方には呉が存在していたが、日本は呉との付き合いはなかった。従って、この時代に中国の南方、江南地域のものが日本に入って

くることはなかった。そして二八〇年に西晋が呉を滅ぼして中国全土を統一する。これ以降、日本は初めて中国南方地域のものと接することができるようになる。

ところが、三一六年には西晋が滅亡して、中国大陸の北部は五胡十六国の争乱の時代に入ったのだが、南部は西晋の王族が江南に移って東晋を建国する。この時日本は南朝となる東晋に朝貢して南朝と付き合うようになり、それが倭の五王の南朝への朝貢につながっていく。これは邪馬台国時代に魏・晋との付き合いがあったことからの自然な流れである。

ここで馬淵氏のいう「華中や華南の原料が入ってくるのは古墳時代になってから」は、まさに二八〇年の呉の滅亡以降のことであり、さらに「古墳時代になると華北の原料はまったく認められなくなる」は、三一六年に西晋が滅亡して、日本が北部地域との付き合いができなくなったことによるものと考えられる。

そして中国の考古学者である王仲殊の見解を重ね合わせれば、三角縁神獣鏡の原料となる南方の銅・鉛を日本が手にするのは、西晋の南北統一以降のことであり、画文帯神獣鏡などの南方鏡が日本に入って来るのも、同じく二八〇年の呉の滅亡、西晋の南北統一以降ということになる。

ただし、呉が滅亡したからすぐに日本に入ってきたというわけではないであろうから、実際に三角縁神獣鏡の原料や画文帯神獣鏡が日本に入ってきたのは、早くても西暦二九〇年から三〇〇年頃、あるいは、三〇〇年を超える四世紀の初頭ということになる。

従って、このことが意味するもの、すなわち邪馬台国畿内説によって三世紀半ばの初期古墳とされるホケノ山古墳や京都府南部の椿井《つばい》大塚山古墳などの築造年代は、三世紀末ギリギリがその上限であって、ごく常識的には四世紀になってからの築造という判断になると思われる。つまり、三角縁神獣鏡や画文帯神獣鏡が副葬品として出土した古墳は、基本的に四世紀の古墳と判断して間違いがない。

従って、古墳時代の始まりは従来通説どおりに四世紀になってから、あるいは早くても三世紀末ということであって、箸墓古墳が二四〇年～二七〇年頃の築造で卑弥呼の墳墓であるという主張は、基本的に成立しないものと考える。

この三角縁神獣鏡の鉛の同位体比分析と、三国時代から南北朝にかけての中国の歴史と、先に検証した炭素14年代法及び年輪年代法（一〇〇年ずれ）とが、見事に整合性が取れる結果となっている。

5.『混一疆理歴代国都之図』は古代中国人の地理観とは無縁だ

「始めて一つの海を渡り千余里にして対馬国に到る。……又南して一つの海を渡る。千余里なり。一大国に至る。……又一つの海を渡り、千余里にして末盧国に至る。……東南に陸行すること五百里にして、伊都国に到る。……東南して奴国に至る、百里なり。……東に行きて不弥国に至る、百里なり。……南して投馬国に至る。水行することニ十日なり。……南して邪馬壹国に至る。水行すること十日、陸行すること一月なり。女王国より以北はその戸数・道理を略載することを得べけれど……」(『倭国伝』講談社学術文庫より引用)

注：文中の……は中略。

これは『魏志倭人伝』に書かれた邪馬台国の位置を示す文章である。ここでの不確かな記述が、長年にわたる邪馬台国論争を引き起こしてきた。

この文章については、記述された順番どおりに邪馬台国への旅程を表した「連続式」説と、伊都国以降は伊都国からの旅程とする「放射式」説がある。邪馬台国畿内説の多くは

「連続式」説を支持し、邪馬台国北部九州説の人は「放射式」説を支持しているように思う。

筆者は「放射式」説を支持したい。前ページ引用の「倭人伝」（『倭国伝』より）の文章をよく見ると、この旅程記事は伊都国までは「方角→距離→国名」の順番で記されているが、伊都国以降では「方角→国名→距離」の順番で記されている。書き方が異なるのは読み方を変えろという『倭人伝』著者の意思であると考えられる。さらに、『倭人伝』には、伊都国は郡使の常に留まるところと記されている。伊都国以降は伊都国起点での旅程記事となるのが自然である。

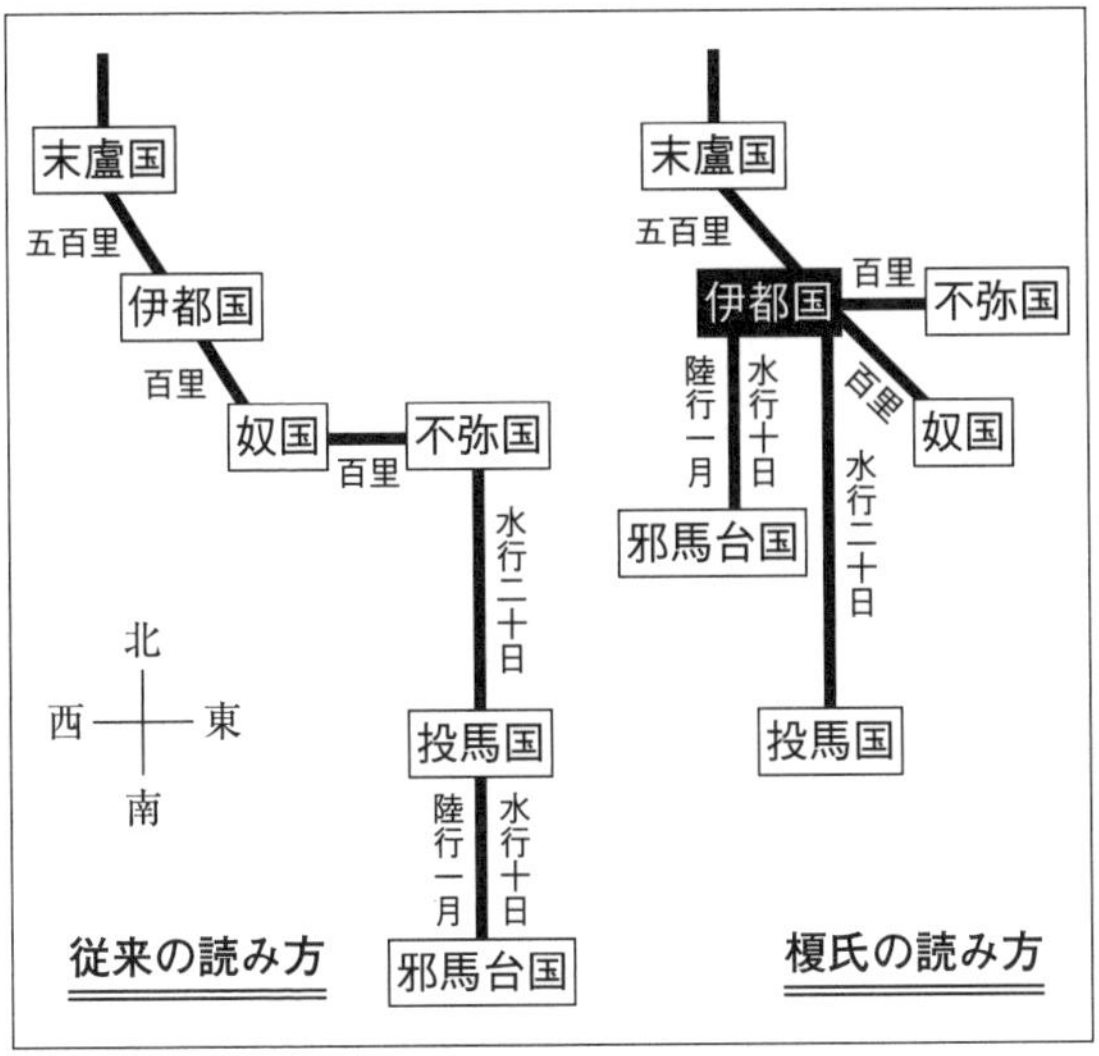

図10　邪馬台国への旅程図
井上光貞『日本の歴史１　神話から歴史へ』より

　ただし、ここで気を付ける必要があることは、連続式、放射式のいずれもが〝方角〟が最初に書かれている点である。古代人が見知らぬ土地を旅する場合に最も重視するのは〝方角〟である。方角が正しければ距離とか日程とかが多少狂っても目的地に着ける。しかし方角が間違っていれば目的地に着くことはできない。従って、旅程記事が書かれる場合には〝方角〟がもっとも重要視されるはずであり、『倭人伝』の方角は基本的に正しいと判断すべきである。

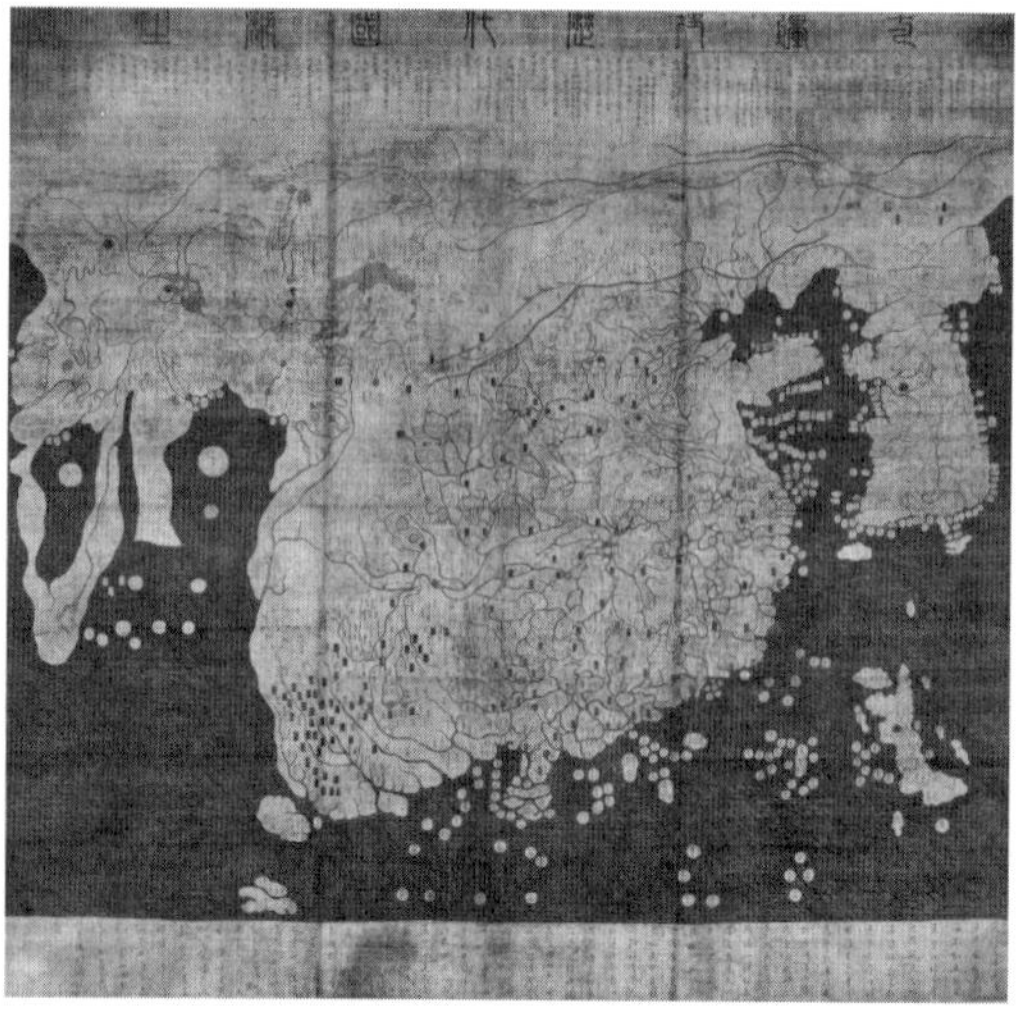

図11　混一疆理歴代国都之図　龍谷大学図書館所蔵

しかし、前ページ**図10**の旅程図を見れば末盧《まつら》国からの方角はすべて南か東南であって、九州から東に行かねばならない畿内説が成立しないのは一目瞭然である。

そこで主張されたのが、実は「南」は「東」の書き間違いだということである。『倭人伝』の旅程記事の「南」を「東」に読み替えれば末盧国から東へ東へと進むことになり、大和に到達できることになる。ところが、南を東に読み替えるべきとする根拠は何もなかった。

図11は『混一疆理歴代国都之図』である。ここに描かれた日本は、九州を北にして南

にぶら下がっている形となっている。

これは龍谷大学に保管されていた世界地図であったが、もともとは一部の研究者しか知らないものであった。ところが、邪馬台国論論争が激しくなったため、邪馬台国畿内説の研究者がこの地図を取り上げて、古代の中国人の日本に対する地理観は、九州を北にして南に列島が続いているというものであったと主張するようになった。この地図が古代中国人の地理観を表しているのなら、南を東に読み替えることは至極当然のことであった。

ところが、この地図の朝鮮半島と日本列島を描いたのは中国人ではなく、朝鮮人であったことなどの地図作製の経緯が判明してくると、この地図が古代中国人の地理観を表しているとは言えなくなった。

この時、室賀信夫という研究者が『魏志倭人伝に描かれた日本の地理像―地図学史的考察』という論文で、この地図の地理観は『倭人伝』が書かれた魏の時代の中国人の地理観であることを論証した。都出比呂志も「この地図のような地理観が古代から長く中国や朝鮮半島にあったことを室賀氏が指摘した」として、南は東と読み替えるべきだと主張している。

『文藝春秋平成三十年秋季特別号』において、〈邪馬台国は〝三世紀の明治維新〟だ〉と題する討論記事が掲載されたが、その中でも東大名誉教授の保立道久氏がこの『混一疆理図』を持ち出して、南を東に読み替えるべきだと主張していた。邪馬台国畿内説派にとってはいまだに重要な畿内説の根拠とされている。

しかし、一九八七年に同名の地図が長崎県島原市本光寺《ほんこうじ》で発見された。またその後、天理大学と熊本県熊本市本妙寺《ほんみょうじ》にも同名の地図が保管されていることが明らかになった。本光寺、本妙寺、天理大学保管分はすべて**図12**のように、日本列島は九州を西にして東に連なる本来の形で描かれている。

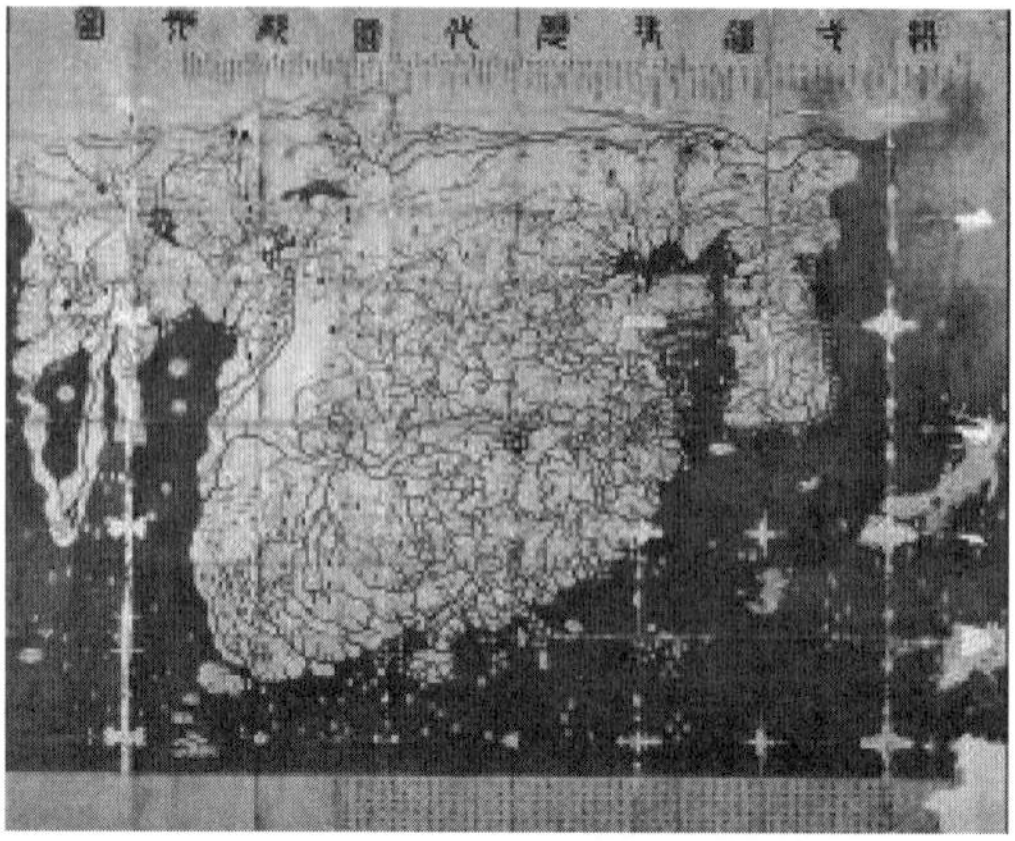

図12　長崎県本光寺　混一疆理歴代国都地図
常盤歴史資料館所蔵

室賀論文の内容はその後、弘中芳男という研究者の『古地図と邪馬台国』という著書により誤りであることが論証されている。

また、龍谷大学保管の地図の日本列島が南向きに描かれているのは、地図の作成者が日本の古代地図である〝行基図〟の縦と横を間違えて貼り付けたことが明らかになっている。もともと十五世紀の初頭に朝鮮人が作成した地図が、古代中国人の地理観を反映しているとすること自体が無理な主張であった。

中国には『混一疆理図』よりも先に作成された『広疆理図』や『東南海夷図』に日本列島の

概念図が描かれているが、それらはすべて、日本はいくつかの島からなる西から東に延びる列島であることが認識されている。

さらに重要な点は、『魏志倭人伝』には方角が記載されている箇所が二カ所あることである。一つは冒頭の邪馬台国までの旅程記事であり、もう一つは、有名な、「其の国、本亦た男子を以って王と為す。住まること七、八十年、倭国乱れて、相攻伐すること年を歴たり。乃《すなわ》ち共に一女子を立てて王とす。名づけて卑弥呼という……」の段落の次に、「女王国の東、海を渡りて千余里、復た国有り、皆、倭の種なり」と記述されているところである。冒頭の箇所で「南」を「東」に読み替えるのなら、この箇所では「東」は「北」へと読み替えねばならない。そうでないと方角の整合性がとれなくなる。仮に、邪馬台国が奈良県にあったとすると、奈良県の北の海を渡って千余里とはどこを示すことになるのだろうか。

『倭人伝』の一部のみを取り上げて、他の記述との整合性をまったく無視するという姿勢は、学問的良心に大きく反することだと考える。自説に都合のよいところだけを採用する、あるいは公表する。そして都合の悪いことは無視する、あるいは公表しない。邪馬台国畿内説の主張にはこうしたケースが多々見られるように思う。

6. 邪馬台国畿内説がまったく無視していること

邪馬台国論争の中で、特に畿内説の立場の人にまったく取り上げられないことが三つある。まさに邪馬台国畿内説が完全に無視していることである。

第一は絹の出土状況についてである。

『倭人伝』には〝絹〟が数多く登場する。最初に魏に使者を送った時にはその返礼として、絳地《こうじ》の交竜錦、蒨絳《せんこう》（の絹）、紺青《こんじょう》（の絹）、句文錦《くもんきん》、白絹などをもらっている。また卑弥呼が二度目の使いを送った時には、倭錦と絳青縑《こうせいけん》を献上している。他にも蚕桑《さんそう》・緝績《しゅうせき》（養蚕を行い絹糸をつくる）し、縑緜《けんめん》（絹織物・錦織物）を出すという記述があるように、魏から絹製品をもらうだけでなく、邪馬台国でも絹製品を製作していたことが分かる（ちなみに『日本書紀』の神代史に、「死んだ保食神《うけもちのかみ》の口の中に繭を含みすぐに糸を抽くことができた、これより初めて養蚕の道ができた」とある）。従って邪馬台国にはある一定量の絹があったと考えられる。

図13は、弥生時代から古墳時代前期にかけての絹が出土したところを表示した図である。

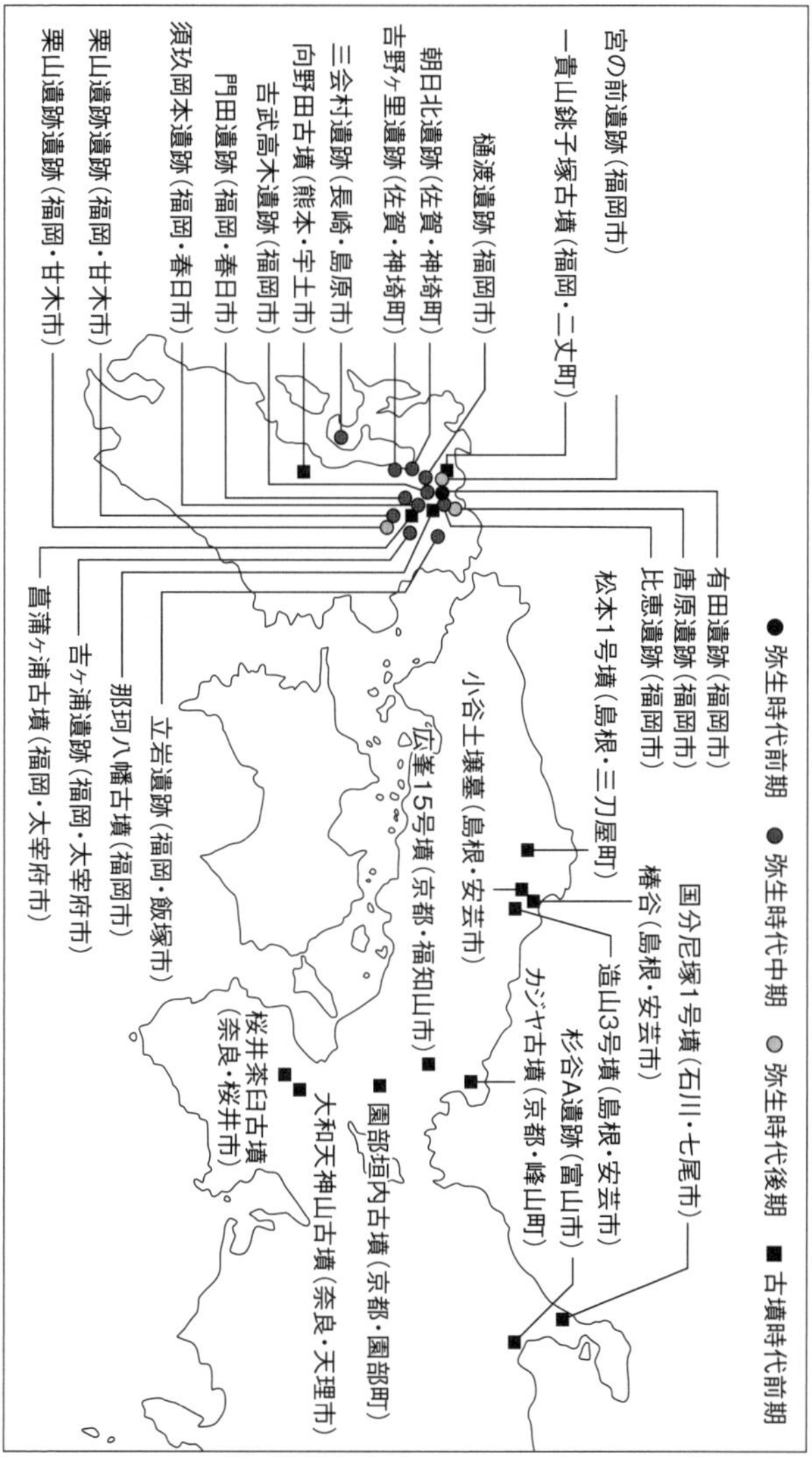

布目順郎『絹と布の考古学』（1988年）などにより作成

図13　絹を出土した遺跡（弥生時代前期～古墳時代前期）　注）第三章表5で県別の出土地を表示
柏原精一『邪馬台国物産帳』より

一目瞭然のことであるが、邪馬台国があった弥生時代後期までの絹は、すべて九州の遺跡からの出土である。近畿地方をはじめとした本州で絹が認められるのは、古墳時代に入ってからである。

京都工芸繊維大学名誉教授であった布目順郎は、『絹と布の考古学』（雄山閣 一九八八年）の中で中国でも養蚕技術の他国への持ち出しは禁じられていたので、九州でも養蚕は門外不出の技術であったからではないかとしている。

『倭人伝』の記述どおりならば、邪馬台国はまさしく絹の国である。出土品から見ても当時の九州にはかなり高度化した養蚕文化が存在したことは疑いがないとされる。発掘調査の進んでいる畿内で今後、質的にも量的にも九州を上回るほどの弥生時代の絹が出土することは考えにくい。こうした立場に立つなら、絹から見た邪馬台国の所在地推定の結論は自明ということになる。

これまで邪馬台国畿内説の立場に立つ人たちが、この絹の出土状況に触れることはまったくなかった。この絹の出土状況だけからでも、邪馬台国は九州にあったと考えるのが当然の推定となる。

第二は文身という習俗についてである。

『古事記』の神武天皇の段に、大久米命が神武の后を探しに行くという説話がある。

「七たりの媛女《をとめ》、倭《やまと》の高佐士野に遊びに行くに、（中略）爾《しか》くして、大久米命、天皇の命を以て、其の伊須気余里比売《いすけよりひめ》に詔《のりたま》ひし時に、其の大久米命の黥《さ》ける利目を見て、奇《あや》しと思ひて歌ひて曰く、

あめ鶺鴒《つつ》　千鳥真鵐《ましとと》　など黥ける利目

（黄鶺鴒や千鳥の鵐《しとど》のように、どうして目に鋭い入れ墨をしているのですか）

爾くして、大久米命の答えて歌ひて曰く、

媛女に　直に逢はむと　我が裂ける利目

（娘さんにじかに逢おうとして、私は目を鋭く見開いているのです）」

この説話によれば、伊須気余里比売は入れ墨をした目を見て驚き、不思議に思う様子が記されている。伊須気余里比売が日頃から入れ墨を見ていれば、このように驚くということはなかったはずである。『古事記』のこの部分の記述は、大和に住んでいた人間は入れ墨を知らなかったと記しているわけである。ちなみに『古事記』では、大久米命は神武に従って九州から来た男であるとされている。

ところが『倭人伝』には、「男子大小となく皆黥面文身《げいめんぶんしん》す」と書かれている。邪馬台国の男は入れ墨をするのが当たり前の習俗であったとしている。つまり伊須気余里比売が昔

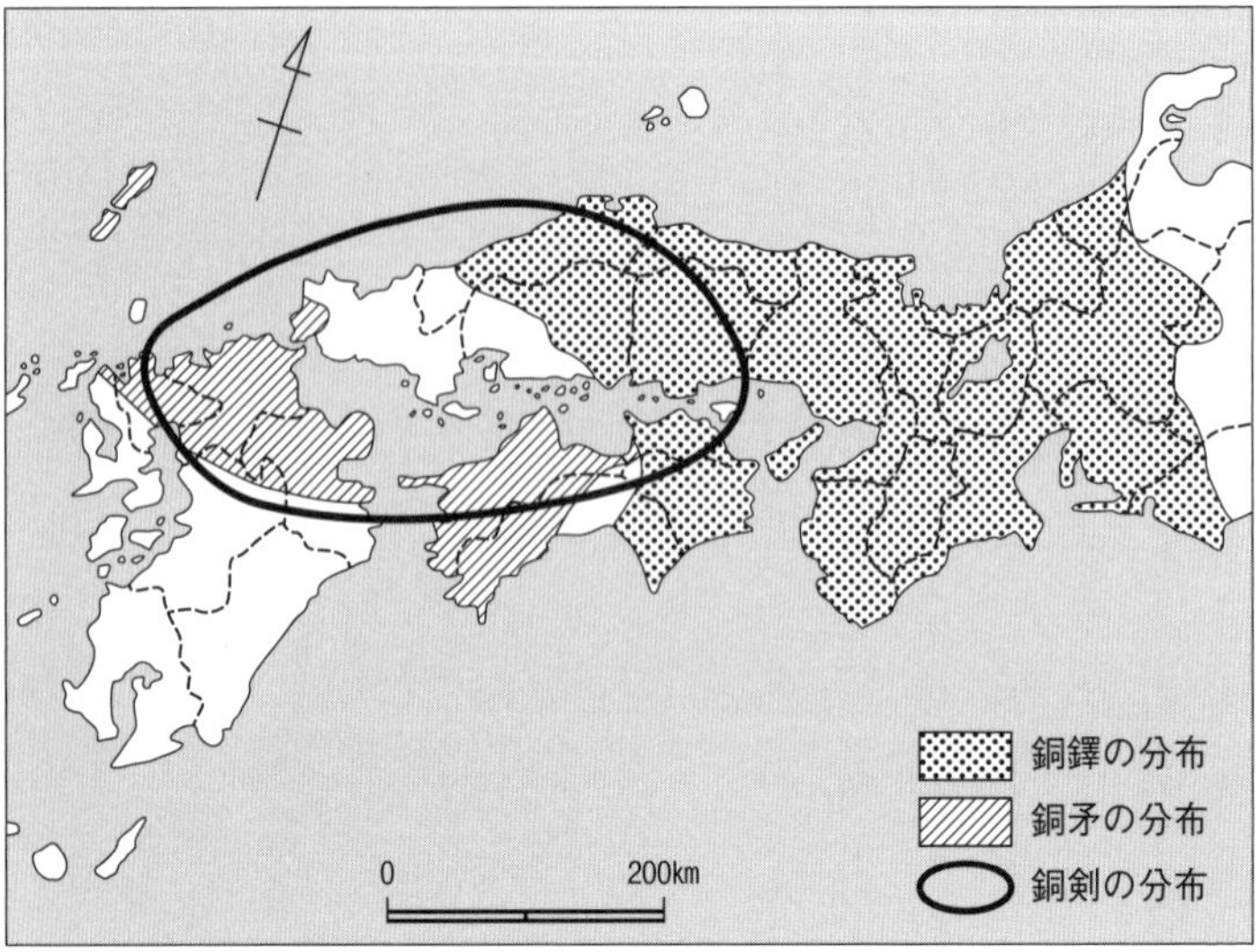

図14　銅剣・銅矛文化圏と銅鐸文化圏

から住んでいた大和には入れ墨という習俗はなく、邪馬台国のあった地域ではなかったことを示している。

第三は武器としての矛、あるいは祭器としての矛についてである。『倭人伝』には、「兵は矛《ぼう》・楯《じゅん》・木弓を用う。木弓は下を短く上を長くす。竹箭には或いは鉄鏃或いは骨鏃」と書かれている。つまり邪馬台国では、武器は主に矛を使うと明らかにされている。

図14は銅剣、銅矛と銅鐸が使われていた分布図である。銅矛がどこで使われていたのか、一目瞭然である。ちなみに『記・紀』の神話には銅鐸は登場しないが、銅矛は頻繁に登場する。

7．福岡県朝倉市の平塚川添遺跡が邪馬台国の王都！

最近の邪馬台国位置論争においては、『魏志倭人伝』の記述などほとんど無視されるケースが多い。とにかく箸墓の築造年代を、卑弥呼の活躍した西暦二四〇年頃に合わせることだけを目的としているように思われる。

仮に箸墓が二四〇年頃に築造されたとしても、それで箸墓が卑弥呼の墓であることにはならない。しかし、「箸墓は卑弥呼と同時代に築造された。卑弥呼の墓に違いない」とマスコミを通じて大々的に発表され既成事実化されていく。学説が単に声の大小によって決まるという不合理な状況を、考古学者の方々はいったいどのように考えているのだろうか。

筆者は非常に強い違和感を持っている。

先述したように筆者は、『古事記』『日本書紀』の分析や『倭人伝』との比較から下記事項を導き出した。

① 国生み神話が生まれたところは玄界灘沿岸地域であること。
② 平均在位年代論によれば、神武天皇から五代前の天照大御神は二三〇年頃に活躍した人で、卑弥呼が活躍した時代と重なること。

③ 天岩屋戸の説話は、天照大御神の死と壱与の即位を暗示していること。
④ 高天原からの天降り先には北部九州がまったくないことから、高天原は北部九州にあったと推定できること。
⑤『記・紀』の天照大御神は卑弥呼の反映であり、高天原は邪馬台国の反映であること。

これらのことから、邪馬台国は北部九州以外にはあり得ないことは容易に判断できる。また邪馬台国が存在し得る環境、つまり考古学的な邪馬台国成立の環境という面から考えると、研究者からのこのような証言が得られる（以下は『季刊邪馬台国』一〇四号からの引用）。

第一に、奈良県桜井市教育委員会の考古学者である清水新一氏は、

「邪馬台国が成立して、女王卑弥呼を擁立するまでの弥生時代中・後期に、大和には他地域を圧倒するような『ムラ』や『墓』が見られない。代表的なムラである唐古・鍵遺跡も、畿内の同時期の池上曾根遺跡や田能《たの》遺跡などと比較して、飛びぬけて大きいムラとは思えなかった。逆に、墓に関しては、西日本各地と比べて、大和は遅れた地域との思いであった」

と述べて、邪馬台国のような強固な王権を発生させ得る素地が大和にはなかったと断じていた。

第二に、関西外国語大学教授の考古学者である佐古和枝氏は、

「『魏志倭人伝』では、倭人の武器に矛や鉄鏃が挙げられている。この時期、畿内には矛に相当する武器はないし、畿内の鉄器の出土総数は、北部九州や山陰の一遺跡の出土数にも及ばないほど貧弱である。さらに諸国を監視する『大率』が伊都国に常駐すること、女王国の東に海を渡ると倭種の国があることなどを見れば、『魏志倭人伝』にいう『倭人』や『倭国』『女王国』は北部九州社会のことと考えるのが妥当であろう。邪馬台国の所在地は、考古学的な事実関係と『魏志倭人伝』との整合性の中で考えるべきだ」

としている。

第三に、奈良文化財研究所・埋蔵文化財センターの考古学者である小澤毅氏は、

「邪馬台国の概略の位置を求めること自体は、『倭人伝』の記載によるかぎり、さほど難解なものではない。『倭人伝』は、女王国の南に位置し、それと抗争関係にある

狗奴《くぬ》国の官を『狗古智卑狗』と記す。この『狗古智卑狗』は『ククチヒコ（菊池彦）』と解するほかはない。古代に『ククチ《くくち》』と呼ばれたことが確認され、狗奴国にあてうる地域は、肥後国北部（令制の菊池郡、和名抄の訓では久久知《くくち》。現在の菊池市）以外には存在しない。この周辺には、古くから球磨駅や球磨郡など『クナ』の転訛《てんか》と見られる『クマ』の地名が数多く認められることとあわせて、狗奴国の主な領域は令制の肥後国と考えて誤りないだろう。この一点のみをとっても、狗奴国及びその北に位置する邪馬台国が九州にあったことは明瞭であり、両国を九州以外の地に求める説は成り立たないと言わざるをえない。実際、『狗古智卑狗』の問題に関して、これまで邪馬台国畿内説に立つ論者から、納得できる説明がなされたことはない」

と述べている。

このように、弥生時代の大和には邪馬台国を成立させるための経済的、文化的、軍事的な環境自体が整っていないことは明らかであり、海を渡った東の倭種の国や、南にあって常に敵対していた狗奴国という『倭人伝』の記述からも、邪馬台国の所在地は北部九州であると断定してもよいと考える。

筆者は、邪馬台国は筑後川上流域の甘木・朝倉付近にあったものと考える。そしてその中心は平塚川添《ひらつかかわぞえ》遺跡にあったのではないだろうかと推察する。平塚川添遺跡は環濠の規模において吉野ヶ里遺跡を大きく上回っており、川の近くの丘陵地帯にあるということで、邪馬台国の王都にふさわしいところだからである。

第五章　邪馬台国から大和王権への道

1．歴史的事実を再確認すると……

前述した『古代国家はいつ成立したか』の中で都出比呂志氏は、歴史学者で立命館大学名誉教授であった山尾幸久の説を次のように紹介している。

「〝ツクシ政権〟が鉄の獲得において優位だったのは、〝ツクシ政権〟が後漢王朝の庇護を受けており、鉄を産出する朝鮮半島の楽浪郡が後漢王朝の支配下にあったからであるが、二世紀末に後漢王朝が弱体化し、この好機に〝ヤマト政権〟が〝ツクシ政権〟を制圧し鉄の供給ルートを掌握した。二世紀末は、畿内を含めた日本列島主要部において石器が急速に消滅したが、この頃畿内は力を増して、北部九州を含め西日本全体に大きな影響力を持つようになっていたので、全国に鉄が急速に普及したのは、鉄が畿内を通して日本に多量に流入したからと推定できる」

上記文章の波線の部分は何ら根拠のないものである。西暦一〇七年に倭国王帥升等が後漢に朝貢したが、それ以降は何の記録も残されていない。〝ヤマト政権〟が〝ツクシ政権〟

を制圧した明らかな根拠もない。また鉄が畿内を通して日本に多量に流入したという考古学的痕跡もない。

第三章の**表5**（72ページ）は弥生時代の鉄製品の出土状況を示している。福岡県と奈良県からの鉄製品の出土状況には格段の差がある。この鉄製武器の出土状況から見て、弥生時代の畿内に北部九州勢力である〝ツクシ政権〟に対抗できる力があったとは到底考えられない。何よりも〝ヤマト〟が〝ツクシ〟を制圧したという記録、伝承は何も残されていない。反対の〝ツクシ〟が〝ヤマト〟を制圧した伝承は、神武東征説話として明確に残されており、さらに『先代旧事本紀』においても饒速日命の東遷伝承が残されている。そもそも、弥生時代の畿内の墓制は方形周溝墓における土壙墓や木棺墓であり、そこには特定の人間だけの墓が特別な場所に特別な形で造られていたという形跡は確認されていない。すなわち、首長権というものが明確に確立されていたとは確認されていないのである。〝ヤマト政権〟と呼べるような統治の体系は存在しなかったと考えるべきである。

また上記文章の太線の部分は事実誤認である。これを二世紀末とするのは、畿内説の〝二〇〇年遡上論〟を踏まえての話である。銅鐸の編年に功績を遺した考古学者の佐原真はかつて『銅鐸の考古学』においてこう述べている。

「弥生時代Ⅳ・Ⅴ期に北九州地方では鉄器の実例が多数知られている。同じ時代、畿内地方の鉄器の実例は僅少である。一方、V期においては畿内地方においてもまた主要な石器は消失しており、鉄器が実在していたことについては疑う余地はない。しかしそれにもかかわらず畿内地方においては、廃品回収が徹底していたために、今日北九州地方に比べて鉄器の実例は著しく少ない結果となっているのである」

ここで佐原が弥生V期といっているのは弥生時代後期である三世紀のことである。邪馬台国畿内説の立場に立つ佐原でも、畿内に鉄製品の出土が少ないことをはっきりと認識している。そしてその言い訳として、畿内では廃品回収を徹底したために鉄器の出土が少ないという。本来、このことを主張するのなら回収して何に作り直したかについても明らかにする必要があるのではないだろうか。

いずれにしても山尾幸久の説は、〝一〇〇年遡上論〟に影響された弥生遺跡と古墳遺跡の混同による何ら根拠のない、いわば机上の空論とでもいうレベルである。**表5**（72ページ）の鉄製品の出土状況が示していることは、弥生時代における畿内・大和には鉄製品の出土が少ない、すなわち鉄器の普及が北部九州に比べて大きく遅れていたという歴史的事実である。同時に、それは大和には全国を統一するような強力な王権を生み出す経済的基盤がなかったという歴史的事実を示すとともに、北部九州と畿内・大和との文化レベルには格段の差があったことを示している。

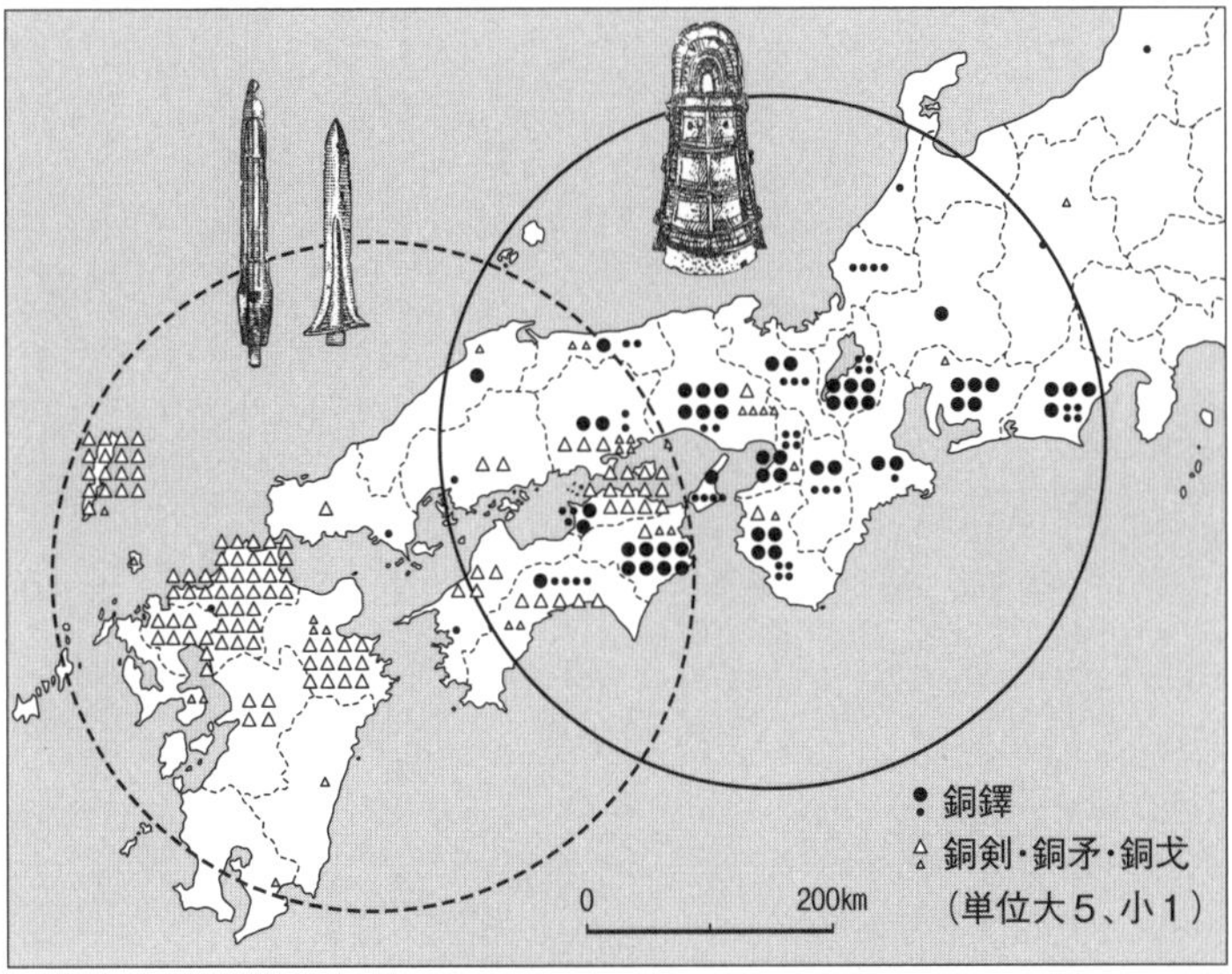

図15　銅鐸文化圏と銅矛・銅剣文化圏
井上光貞『日本の歴史１　神話から歴史へ』より

また『倭人伝』には銅鐸のことが書かれていない。同じように、『古事記』や『日本書紀』にも銅鐸は一切登場しない。このことはどんな歴史的事実を示しているのだろうか。

邪馬台国が大和にあったのであれば、なぜ『倭人伝』に銅鐸が登場しないのだろうか。『倭人伝』には人が死んだときの歌舞飲酒のことなど習俗について細かに書かれている。銅鐸を使った祭祀も魏の官人にとっては非常に珍しいものであったはずである。

なぜ書かれなかったのか。答えは簡単だ。邪馬台国には銅鐸はなかった、魏使が銅鐸を目にすることはなかったということである。つまり邪馬台国は銅鐸文化圏には存在しなかったということである。

このことは、『記・紀』に銅鐸がまったく登場しないことについてもいえる。邪馬台国が畿内にあって後の大和王権・大和朝廷につながったという畿内説の主張に従えば、大和朝廷の歴史書である『記・紀』の神話に銅鐸が登場するのが当然のことと考えられる。しかし、事実はまったく逆で銅鐸は一切登場しない。このことが示すことは、大和王権・大和朝廷を創った勢力は弥生時代には銅鐸文化圏にいなかった勢力ということである。

邪馬台国は銅鐸文化圏には存在しなかった。銅鐸文化圏とは**図15**（前ページ）が示すように畿内が中心となっている。つまり、邪馬台国は畿内には存在しなかったことを銅鐸は物語っている。銅鐸については、都出比呂志氏も『古代国家はいつ成立したか』の中ではまったく触れることがない。完全スルーである。邪馬台国畿内説を主張する多くの研究者も銅鐸には触れない場合が多い。

弥生時代には銅鐸文化圏というものがあって、畿内を中心に西は出雲・吉備まで、東は東海地域まで広がっていた。出雲や吉備は早くに銅鐸を捨てたが、畿内や東海は一メートルを超える大型の〝見る銅鐸〟まで銅鐸を発展させた。そして邪馬台国は銅鐸文化圏の中には存在しなかった。これは歴史的事実である。

古墳の副葬品も歴史的事実を明らかにしている。前方後円墳という墳墓の形については

『倭人伝』には何も書かれていない。卑弥呼の墓について『倭人伝』は「卑弥呼以って死し、大いに冢を作る、径百余歩なり」と記す。もし卑弥呼の墓が前方後円墳ならば、その異様な形に魏使は驚いたに違いない。卑弥呼の墓の完成を待つまでもなく、畿内説の主張では多くの前方後円墳が築かれていたとのことであるから、「倭の墓の形は異様でこういう形をしている」との記述があってしかるべきではないか。しかし『倭人伝』が記すことは〝径佰余歩〟ということだけである。そこに前方後円墳を示す事柄は一切書かれてはいない。

ところが、都出氏は『古代国家はいつ成立したか』の中で、「邪馬台国の王、卑弥呼が没した時、残された権力集団は巨大な墓、前方後円墳を築きました。『魏志倭人伝』は卑弥呼の墓を〝径百余歩〟と記しています。この大和の地には、弥生時代から続く伝統的な墓形、前方後円墳原形がありましたから、卑弥呼の墓が前方後円墳になるのは当然の成り行きでした」と記述している。

〝径百余歩の冢〟を何の根拠もなく〝前方後円墳〟と断定している。根拠がないので断定するしかないということなのだろう。また大和には伝統的な墓形として〝前方後円墳原形〟があったとしているが、それはどこにある墳墓なのかは具体的に記されていない。『古代国家はいつ成立したか』の他の箇所の「前方後円墳と前方後方墳の登場」と見出しがついたところでは、後の古墳につながる弥生墳丘墓について、岡山県の宮山墳丘墓や京都府の黒田墳丘墓などを例に出しているが、そこには奈良県の墳丘墓は登場しない。つまり、「大和には弥生時代から続く伝統的な墓形である前方後円墳」はこれも根拠のない断定であって、〝径百余歩の冢〟が前方後円墳である根拠は一切提示されることがない。根拠のない断定、きめつけは畿内説の主張の中に多々見られる。

北部九州の墓制は、支石墓→木棺墓→甕棺墓→箱式石棺墓→竪穴式石室墓葬という変遷をたどっている。甕棺墓は紀元前一世紀頃から、箱式石棺墓は西暦二世紀の末ぐらいからとされている。この北部九州の墓制の特徴は、棺の中から鏡とか剣とか玉などの副葬品が出土することである。副葬品を墓に納めるという風習は、甕棺から箱式石棺に変わっても変わらず続いている。すなわち、棺の中に副葬品を納めることが北部九州の墓制の大きな特徴であり、歴史的事実でもある。

一方、畿内の墓制は方形周溝墓が中心であって、木棺墓、土壙墓《どこうぼ》に拘らず墓には副葬品を納めないのが特徴であった。墓に副葬品を納めるか納めないかは習俗というだけでなく信仰そのものの違いでもある。弥生時代の畿内は墓には副葬品はなかったのに対して、弥生時代の北部九州には墓には副葬品が納められていたということは否定しがたい事実である。

弥生時代から古墳時代への大きな変化における歴史的事実といえば、畿内の銅鐸祭祀が終わった後に、畿内では古墳が造られ始めたことであり、その古墳には剣や鏡や玉などの副葬品が必ず納められていることである。すなわち、古墳とは墓に剣や鏡を副葬する習慣を持っていた部族の墓であって、弥生時代の畿内の部族にはそのような習慣はなかった。一方、『倭人伝』には刀（剣）、鏡、玉（白珠・勾玉）が貴重なものとして登場する。そして、それらの『倭人伝』に書かれた物品は北部九州の王墓に納められている。このことも否定しがたい事実である。そしてこれは、北部九州勢力が畿内へ移動してきて古墳を造り始めたことを暗示している。

2．九州の邪馬台国が東遷して大和王権を創った！

〝邪馬台国〟とは『魏志倭人伝』だけに記された弥生時代の国の名である。従って、邪馬台国を考える場合には、何よりも『倭人伝』の記述を問題にしなければならない。その『倭人伝』において、邪馬台国畿内説の根拠となり得るものは、南を東に読み替えた場合の「南（東）して投馬国に至る。水行すること二十日なり。……南（東）して邪馬台国に至る。水行すること十日、陸行すること一月なり」という部分だけである。これ以外に邪馬台国が畿内にあったことを示す記述はない。しかし、他の箇所との整合性が取れない「南を東へ」と読み変えた上での根拠とは、まさにないに等しいと言っても過言ではない。すなわち、『魏志倭人伝』に記載された内容には、邪馬台国が畿内にあったという根拠は何ひとつないということである。

ヤマトがツクシを制圧した伝承は何もないが、その反対のツクシがヤマトを制圧した伝承は、神武東遷説話の中に残されている。銅鐸が破壊されたり地中に隠匿されたりして畿内の銅鐸祭祀が終了した後に、突如古墳の祭祀が大和で始まり、北部九州の習慣であった墓への副葬という文化・習俗が大和に出現した。これを素直に解釈すれば、北部九州勢力が大和を制圧して過去の祭祀・習慣を破壊して新しい祭祀と習慣を持ち込んだと理解できる。その北部九州の勢力の中心とは、『倭人伝』に「伊都国に一大率を置き諸国を検察せしめ諸国之を畏憚す」と書かれているように、恐怖政治を行っていた邪馬台国であった。

図16は箸墓古墳の写真である。非常に美しい形の前方後円墳である。これほど美しく整った古墳が初期の古墳であるとは到底考えられない。ちなみに、箸墓古墳の前方部は崇神天皇陵よりも長く発達しているとのことである。古墳は年代が新しいほど前方部が発達した形となっている。平地に築かれたことや前方部の発達、全体として均整の取れた美しい形。箸墓古墳が三世紀半ばの初期の古墳とはどうしても考えられない。

図16　箸墓古墳
国土地理院撮影の空中写真（2021年撮影）

次ページの**図17**は、奈良県の大和郷の周囲と福岡県の夜須町の周囲の地名比較である。よく似た地名が数多くあるだけでなく、その位置もよく似た関係にある。おそらく、これほどの多数の地名と位置関係が類似している状況は自然なこととは考えにくく、意図的な地名の名づけがあったものと考えられる。すなわち、邪馬台国勢力が東遷して大和に入ってきた時に、「地名」も一緒に持ってきたことを容易に推測させる。

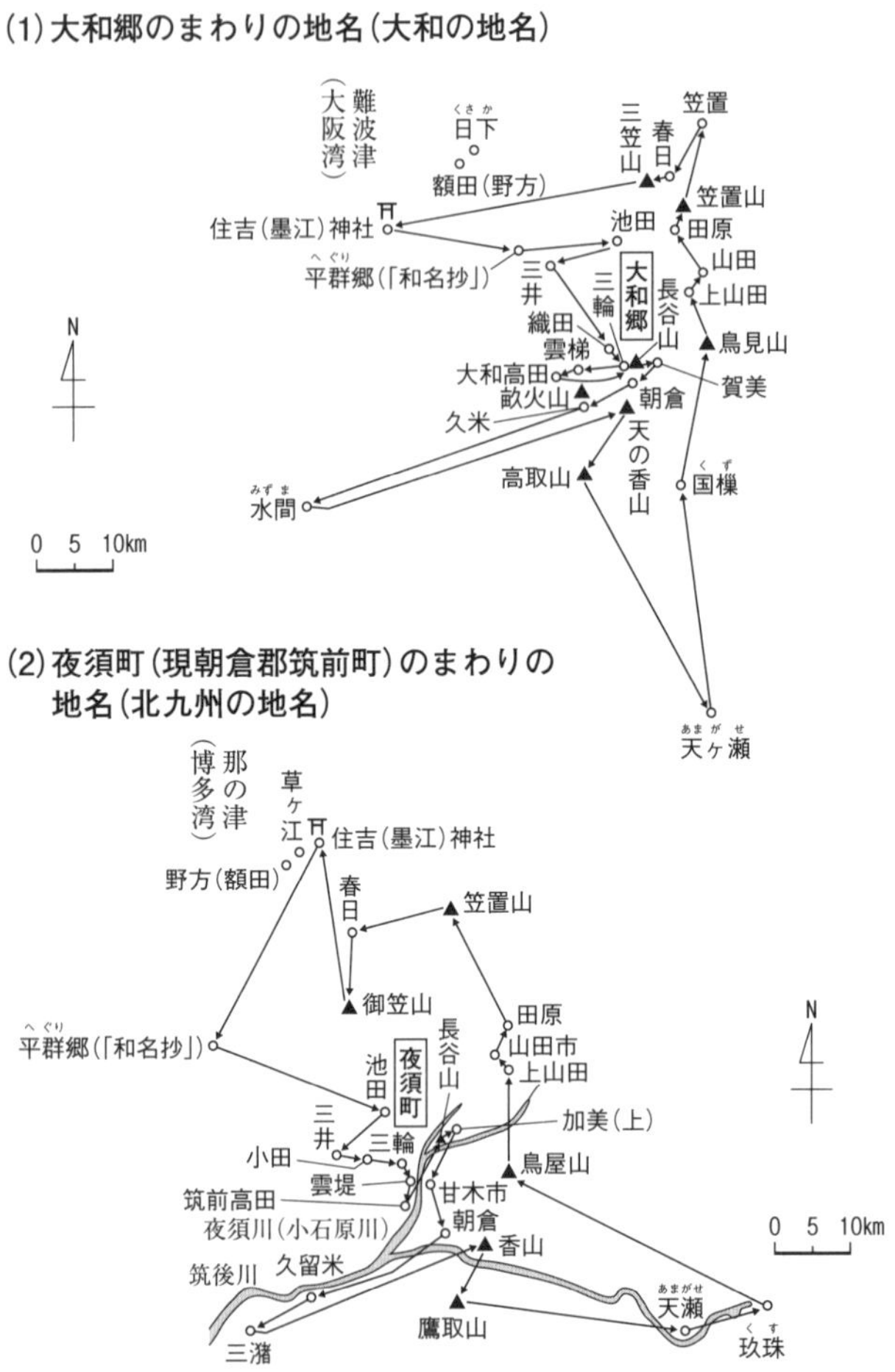

図17　大和と北部九州の地名比較
安本美典『「邪馬台国＝畿内説」「箸墓＝卑弥呼の墓説」の虚妄を衝く！』より

3. 倭国大乱とは筑紫平野諸国と博多湾沿岸諸国との戦い

邪馬台国が九州にあったことが確認できたとしても、それで古代日本の国家形成における謎の解明ができたことにはならない。まだまだ多くの残された課題がある。まず、饒速日命が遠賀川流域の物部一族を率いて東に向かうことになった頃の北部九州の状況はどうであったかを考えてみたい。

西暦五七年に奴国王が後漢に朝貢し、金印を授かってくる。この時は「倭の奴国、貢を捧げて朝賀す」であり、倭国王として朝貢しているわけではない。しかしこのことは、倭の主導権を博多湾沿岸の奴国が掌握したことを示している。奴国が他の諸国よりも優位に立ったことにより、倭の代表として朝貢したものと思われる。場合によって倭王に任じてもらいたいとの望みはあったのだろうが、そこまでの力はまだなかったということのようだ。

その五十年後の西暦一〇七年には、「永初元年、倭国王帥升《すいしょう》等《ら》、生口百六十人を献じ願いて見《まみ》えんことを請う」と『後漢書』に記されているように、倭国王の帥升等が朝貢する。

これに対する後漢の対応は素っ気ないものであったようだが、この時、帥升は倭国王と名乗って朝貢している。恐らく一〇七年の少し前の時期に、帥升と奴国王との間で博多湾を含む玄界灘沿岸の覇権を巡っての戦いがあり、帥升が勝利したと考えられる。そして帥升は倭国王と名乗り、それを後漢に認めてもらおうと朝貢したと思われる。

筆者は、帥升は伊都国の王ではないかと推測している。『魏志倭人伝』では、伊都国だけが王があると記されており、狗奴国を除いてその他の国には王はいないと記されている。特に伊都国に一大率が置かれたことを考えると、卑弥呼にとっては特別に重視しなければならない国であったと考えられるからである。

いずれにせよ奴国王や倭国王帥升は、後漢の権威を背景に強大な力を振るったものと思われ、遠賀川流域の饒速日の勢力も追い詰められてやむなく東に向かったのであろう。

そして「桓霊の間（一四六年〜一八九年）、倭国大いに乱れ、更相《こもごもあい》攻伐し、年を歴《ふ》るも主無し」の状態となる。

この頃、九州の気候は寒冷期に入り、農業生産は振るわない状態であったようだ。さらにこの頃には、博多湾沿岸諸国と内陸部の筑紫平野諸国との関係が先鋭化してきたものと考えられる。民族学者である大林太良の『邪馬台国』によれば、この時期にはそれまでの石器から鉄器への転換が進み、それにより石器の流通形態が大きな変化を余儀なくされ、新たな鉄器の流通形態が形成されようとしている時期であったということである。

また、大陸や半島との交易は博多湾沿岸諸国が握り、筑紫平野の諸国はヒンターラント（後背地）として収奪されるばかりであった。そして気候の寒冷化に伴って、そうした筑紫平野諸国の不満が爆発して倭国大乱につながったとのことである。『後漢書』倭人の条にある「倭国大いに乱れ」とは、筑紫平野諸国と博多湾沿岸諸国との北部九州の覇権を巡っての戦いであった。

この戦いに勝利したのが、卑弥呼率いる邪馬台国である。もともと邪馬台国は筑紫平野諸国の中では、抜きん出た有力な国であったと考えられる。そこで鬼道をよくする卑弥呼が共立されることになった。共立といっても、圧倒的な邪馬台国の力を背景にした卑弥呼を、筑紫平野の諸国が支持したということである。従って、共立の母体は倭国全体ではなく、筑紫平野諸国の王や指導者であったと理解すべきだ。

それゆえに、卑弥呼の博多湾沿岸諸国に対する姿勢は極めて厳しいものだったと推定される。『倭人伝』には「女王国より以北には、特に一大率を置き、検察せしめ、諸国之を畏憚《いたん》す。常に伊都国に治す。国中に於て刺史《しし》の如きもの有り」とある。厳しい圧政の姿が読み取れる文章である。常に伊都国に治したということは、伊都国が最も警戒すべき敵性国家と認めていたことによるものであろう。この大乱の中で、博多湾沿岸諸国の王は伊都国を除いてすべて滅ぼされたのかもしれない。過去収奪され続けてきた怨みが思い切り晴らされたという姿が浮かんでくる。

ちなみに、倭国大乱の後、北部九州では甕棺墓葬が消えて箱式石棺墓に切り替わったことにも留意しておきたい。

4. 神武の東征出発地はなぜ日向なのか?

前述した邪馬台国東遷説の先駆けとなるのが、戦前から戦後にかけて活躍した哲学者、倫理学者、文化史家、日本思想史家など多彩な肩書きを持つ和辻哲郎である。和辻は、津田左右吉の神武伝承造作説を批判する中で、九州を中心とする銅剣・銅矛文化圏と、畿内を中心とする銅鐸文化圏の対立という事実を踏まえ、「国家を統一する力が九州から来たという神武伝承の物語の中核は、観念の所産ではなく、史実にもとづくものだ」と主張した。

さらに和辻はその著『日本古代文化』の中で、大和朝廷の前身は邪馬台国であるとして、「もし筑紫以外の勢力が国家を統一したとすれば、それと筑紫の勢力との争闘は、何らかの伝承を残さずにはいないであろう。しかし、かつて盛大であった邪馬台《やまと》の征服を思わせる伝説は、どこにも存在しない。邪馬台国の名は突如として消えた。そして全国を統一する大和の勢力が現れている。〝やまと〟という名称は畢竟《ひっきょう》するに九州起源で、国家統一の位置にあるものが、九州の邪馬台の国から発祥したことを示す一つの証拠である」として、邪馬台国東遷説を明快に主張した。

この邪馬台国東遷説は、戦後になっても東洋史学者の和田清や橋本益吉、そして直木三

十五の弟である東洋史学者の植村清二などによって主張された。和田は、

「畿内の大和には固有の地名としてのヤマトはなくて、後につけた国名の大和があるだけである。もし大和が畿内の大和に発生したとすれば、そのどこかに古地名が残っていてもよさそうなのにそうではないのは、ヤマトの名が他から移された証拠である」と主張する。

また、「記・紀の伝承において、南九州の熊襲の平定の物語が多いのに、北九州の征服の物語がないのも注意すべきだ。これも大和朝廷が北九州から起こったとすれば、矛盾なく理解されるだろう」

としている。

では、いつ邪馬台国は東遷したのかという点では、和田が卑弥呼の後継者の時代としたのに対し、橋本と植村は二世紀末葉の倭国大乱の時期としている。植村は、

「東遷の時期を卑弥呼のあととすると四世紀前後となるが、それでは銅鐸の消滅の時期についての考古学者の知見と矛盾するきらいがあり、また卑弥呼のあととするとすればその記憶が大和朝廷に残っているとみるべきだが、伝承にはこれを見いだすこと

はできない」

と和田説に疑問を呈している。

ところで、著名な歴史学者である井上光貞は次のように問題提起をしている。

「神武伝承の史的中核としての東遷の主体はみな北九州の勢力である。ところが、伝承では皇室は日向におこった。邪馬台国などの東遷を考える場合、説明がいるのはこの点であって、もしこの発祥地点が解かれなければ神武伝承の背景に史実があったとは言えなくなる。東遷を史実とみる立場では、日向をどう理解するかの問題が課せられる」

という極めて的確な問題の指摘である。

日向は地理的には当然のごとく北九州には入らない。また『倭人伝』には日向が邪馬台国の支配領域であったとの記述もない。むしろ日向は投馬国があったところとする論者もいる。北部九州にあるはずの邪馬台国東遷なのに、なぜ神武の出発地は日向なのか？　九州勢力東遷、邪馬台国東遷説を主張するならば、なぜ東遷、東征の出発点が日向であったのかを明快に説明する責任があるだろう。

ここで登場してくるのが、『倭人伝』における〝投馬国〟である。邪馬台国九州説においては、邪馬台国は筑紫平野のいずれかにあったというのが大方の意見である（注：もっともそのいずれかのところで説はいくつにも割れている）。一方、投馬国については、古くに本居宣長が日向の妻町付近説を唱えたが、白鳥庫吉の筑後川下流域の上妻・下妻及び三潴《みづま》一帯とする説が有力となった。その後、東洋史学者の榎一雄が邪馬台国までの放射式旅程説（伊都国以降の旅程は伊都国からの距離・日数とする）を提唱してからは、榎や京都大学の法制史家である牧健二によって投馬国＝妻町説が再び脚光をあびてきた。

民俗学者の谷川健一は、その著『白鳥伝説』の中で次のように言っている。

「倭人伝の記事の中の距離・日数を放射線式に解するとき、邪馬台国が筑紫平野の御井付近に置かれたとすれば、投馬国を同じように筑紫平野の上妻・下妻もしくは三潴郡に置くことは難しい。これを肥後・薩摩方面に求めることも適当でないとすれば、本居宣長や牧健二の説くように、日向の都万（現妻）に比定するのが妥当であると榎氏は述べている。この投馬国を日向の妻にあてる説には井上光貞も賛同している」

筆者は、西都市の妻辺りが投馬国の中心部で、領域的には別府湾の手前、佐賀関《さがのせき》半島辺りまでの海岸線沿いの地域を含んでいたと考えている。投馬国の官の名が南方的であること、伊都国からの行程が「水行二十日」と船で行くことが記されているからである。筑後川下流域の上妻・下妻辺りなら当然「陸行〇日、水行〇日」と記されなければならない。

また西都原《さいとばる》古墳群の西都原八十一号墳は、出土した土器から国内最古級の前方後円墳であることが確認されている（築造は三世紀中頃と発表されているが、三世紀中頃には古墳はまだ出現していないので、実際は三世紀末か四世紀初頭と考えられる）。西都原八十一号墳は長さ五十二メートルの前方後円墳であり、前方後円墳の起源が九州にある可能性を示す古墳とされている。これは、西都市の辺りには三世紀末頃には古墳を造ることのできる勢力があったことを示している。

ちなみに西都原古墳群の男狭穂塚《おさほづか》、女狭穂塚《めさほづか》古墳は、それぞれ応神陵、履中陵と相似形で二分の一のスケールとなっており、この西都原古墳群と応神皇統とのつながりの強さを推測させる。

ただ、投馬国の日向・妻町説には強い異論がある。それは、古墳時代ならともかく、弥生後期に北九州の文化がこの辺境に及んできて、五万余戸という繁栄を示していたとは考えにくいという意見である。

それに対して、五世紀に大和の文化が波及してきた時に、全国でも有数の古墳群がこの地域に出現したのは、それだけの下地がすでに出来ていたからだという反論もある。

　また、青銅器の出土はあまり見られないものの、土器では日向を含む東部海岸には大隅式土器という、地方としての特徴を示している土器がある。強大な勢力は、青銅器文化圏だけに現れるのではないことは、女王国と戦った狗奴国の地域にも青銅器が発見されていない事実によって知られているとする論もある。最近では〝投馬国＝日向の妻〟説はかなり有力になっているようだ。

　邇々芸命《ににぎのみこと》の父親とされる天忍穂耳命《あめのおしほみみのみこと》の〝耳〟とは、『倭人伝』の投馬国の官とされている〝弥弥〟と音がまったく同じである。おそらく天忍穂耳命は投馬国と関係がある人物であったと推定できる。そうであるならば、邇々芸命が天忍穂耳命と関連のある投馬国のある日向へ天降りしたとしても、何らおかしいことはないように思われる。

　ところで、投馬国東遷説は、前述の牧健二が最初に（かつ最後といってもいい）唱えた説である。歴史学会の中では極めて少数意見ではあるが、投馬国が東遷したとすれば、かなりの問題点が解決されるようになる。まず第一に、この項の表題である「神武の東征出発地はなぜ日向なのか？」との疑問に対しては、日向の投馬国が東遷したとなれば出発地は当然日向になるので疑問は解消される。第二は、今後のテーマとなるのだが、神武と崇神という「二人のハツクニシラス天皇」の矛盾についても合理的な説明ができるようになることである。

実際に、神武の息子は阿比良比売《あひらひめ》が日向で生んだ多芸志美々命《たぎしみみ》、岐須美々命《きすみみ》と、伊須気《いすき》余理比売《よりひめ》が大和で生んだ日子八井命《ひこやい》、神八井耳命《かんやいみみ》、神沼河耳命《かむぬなかわみみ》の五柱とされるが、日子八井命以外はすべて「ミミ」の呼称がついている。ここからも神武天皇とその子らは、日向の投馬国勢力の一員であったと判断できるのではないだろうか。

従って、神武東遷とはまさしく投馬国勢力の東遷といえるのであって、神武天皇の出発地は当然のごとく日向ということになる。

神武東征が邪馬台国東遷ではなかったことの傍証として、地名が挙げられる。神武の都した橿原付近には九州の地名は見当たらない。何よりも邪馬台国から発していると考えられる〝ヤマト〟の地名は三輪山の麓付近が発祥とされている。前掲の**図17**で示したように、崇神が都した三輪地域を中心に九州の筑後川上流域の地名が数多くみられる。〝三輪〟自体も九州の朝倉・甘木地域の地名である。

こうしたことを踏まえると、崇神勢力こそが邪馬台国を率いて東遷したのではないかと考えられる。すなわち弥生終末期においては、投馬国勢力を率いての神武の東遷及び崇神勢力による邪馬台国の東遷と、北部九州勢力の東遷は一度だけでなく二度あったと考えるべきではないだろうか。

神武天皇は宇陀から大和盆地の東南部に足を踏み入れた。そこで八十建《やそたける》を討った時に軍兵が満《いは》めいていた（満ち溢《あふ》れた）ので、その地を磐余《いわれ》と名づけた。これが神武の〝イワレヒコ〟と言われるようになったゆえんとのことである。

それから神武は少し西に向かい橿原に入る。なぜなら磐余の北側一帯は兄師木《えしき》・弟師木《おとしき》の勢力範囲のため、そこを避けたと考えられる（注：弟師木は後の磯城県主の祖である黒速《くろはや》）。ところが、崇神は磯城県主の勢力圏である三輪に入った。なぜ入ることができたのかといえば、それは第一章で述べたように、孝安天皇か孝霊天皇の頃に磯城県主の一族が滅びたからである。そのため崇神は空白地帯となった三輪に入ることができ、三輪を中心にしてその周辺に故郷である邪馬台国の地名を移したと考えられる。

もし神武と崇神が同時期に大和に東遷したとするならば、なぜ神武は橿原で崇神は三輪という、宮を建てたところが異なるのだろうか。神武の一族の名称から神武が投馬国と強いつながりがあることは明らかである。また崇神の和風諡号は〝御真木入日子印恵《みまきいりびこいにえ》〟であって、〝御真木〟は邪馬台国の官である〝弥馬獲支《みまわけ》〟に由来するともいわれている。和風諡号と三輪付近の地名により、崇神と邪馬台国のつながりがあることは明らかである。

5．神武皇統は投馬国系、崇神皇統は邪馬台国系

第六章「2．『記・紀』の分析から読み取れること」で述べるが、開化から崇神への移行は父子関係に基づくスムーズな移行ではなかった。例えば「大和」の地理概念は、当初は三輪山付近の「倭」という狭い範囲であり、それが磯城郡辺りにまで広がり、最終的に「大倭」として奈良盆地全体を示すようになったという変遷があるとのことである。

だが神武天皇系統は、一部を除いては宮も陵も盆地の西南部が中心地域であり、三輪山付近とか磯城郡の地域との関係は非常に薄い。

『記・紀』には、神武天皇は日向から東に向かったと明快に記述されている。また崇神天皇は九州から東遷したとの記述はないものの、天照大御神の祀りとか、あるいは天つ神と国つ神の祭祀についての記述が多く、邪馬台国の風習に近いことを示唆している。

筆者は崇神天皇系の勢力は、神武天皇系の勢力とは時期的に遅れて、九州から大和へ東遷してきたものと考えている。もし神武天皇と一体になって同じ時期に東遷してきたのならば、神武系勢力と同じように大和盆地の西南部に拠点を置いたのではないだろうか。崇神系勢力が盆地の東南部となる三輪付近に拠点を置くことができたのは、昔からその一帯

を支配していた師木県主の一族が滅びたからこそ三輪へ入ることができたものと考えている。

すなわち、神武天皇系と崇神天皇系は共に北部九州からの東遷勢力であっても、そこには大きな違い、差異があると考えられる。従来は、神武天皇系の実在が否定されていたこともあって、北部九州勢力の東遷を認める場合には、邪馬台国の勢力が一挙に東遷したと考えることが一般的であった。しかし、実際のところは、神武系勢力と崇神系勢力の二波にわたっての東遷があったと考えるべきではないだろうか。

神武系の天皇の和風諡号を見てみると（第一章の**表1**参照）、綏靖はカムヌナカワミミ、安寧がシキツヒコタマテミであり、神武自身もヒコホホデミという名もあったと言われている。また神武の阿比良比売の子はタギシミミとキスミミである。一見すると末尾が「ミミ」とか「ミ」の音で終わる名が多い。そしてこの名は投馬国の官名でもある弥弥《みみ》とか弥弥那利《みみなり》に一致している（本居宣長の『古事記伝』によれば、ミの表記はミミの表記と同じとのこと）。この点から考えると、神武天皇系とは投馬国を中心とした勢力の皇統であるとすることができる。

一方、崇神天皇はミマキイリヒコイニエ、垂仁はイクメイリビコイサチという名である。「ミマキ」は邪馬台国の官名である「弥馬獲支《みまわけ》」から来ており、「イクメ」は同じく「伊支馬《いきま》」から来ている。つまり、崇神天皇系はまさに邪馬台国系の皇統と考えられる。

また、邇邇芸命《ににぎ》は正式には天邇岐志国邇岐志天津日高日子番能邇邇芸命《あめにきしくにきしあまつひたかひこほのににぎのみこと》とされており、伊都国の官名である「爾支《にき》」を含んでいる。恐らく邇邇芸命は伊都国の王族であったと考えられる。そして神武は邇邇芸命の子孫であるから、邇邇芸命が天降った日向が神武の根拠地であったに違いない。

従って、神武は日向の自身の勢力と投馬国の勢力を併せて、まず東に向かったものと思われる。宮崎県日向市の美々津には、八朔《はっさく》（旧暦八月一日）の早朝に朝焼けに染まる空の中を、神武天皇が土用波を警戒して慌ただしく旅立ったとの伝承があり、それを「おきよ祭り」として祝う風習がある。

ところで、『日本書紀』には、

「高皇産霊尊《たかみむすひのみこと》、真床追衾《まとこおふすま》を以ちて、皇孫天津彦彦火瓊瓊杵尊《すめみまあまつひこひこほのににぎのみこと》に覆ひて降りまさしむ。皇孫乃《すなは》ち天磐座《あめのいはくら》を離《おしはな》ち、且天八重雲《またあまのやへくも》を排分《おしわ》け、稜威《いつ》の道別《ちわき》に道別《ちわ》きて、日向《ひむか》の襲《そ》の高千穂峰《たかちほのたけ》に天降《あまくだ》ります」と邇邇芸命の天降る姿を記している。

ここからの印象では、邇邇芸命は威風堂々と天降ったとはとても思えない。むしろ夜具に包まれて必死に逃げに逃げて、ようやく日向にたどり着いたという印象を受ける。

『書紀』の第一の一書や『古事記』には、本来は天之忍穂耳が天降ることになっていたのに、直前になって天之忍穂耳から邇邇芸命に交代したことと、この邇邇芸命の天降りの記述を併せて考えてみると、伊都国が攻撃された中で天之忍穂耳が死に、生まれたばかりの邇邇芸命が必死に逃げ出したという姿が浮かんでくる。これが邇邇芸命の天降りの実際の姿ではないだろうか。

このように、神武天皇系が投馬国勢力を中心とした皇統、崇神天皇系は邪馬台国勢力を中心とした皇統と考えると、開化天皇から崇神天皇への移行の際の武埴安彦《たけはにやすひこ》の反乱や、大和盆地内の西南と東南という拠点の違いなどを非常に合理的に説明できるのではないだろうか。

神武天皇が東遷した時期は二七〇～二八〇年頃であり、崇神天皇すなわち邪馬台国勢力が東遷したのは、孝昭天皇～孝安天皇（三二〇年～三三〇年頃）にかけての時期だと考えられる。当初、初瀬川の南の地域に入り、桜井茶臼山古墳やメスリ山古墳を造営した邪馬台国勢力は、崇神の時代に大和の纏向地域へ入ったと考えられるわけだが、先に述べたように、本来その地域を勢力範囲としていた師木県主一族がすでに滅亡していたため、移動してくることができたものと思われる。

『魏志倭人伝』においては、邪馬台国と狗奴国との戦いの状況が記されている。しかし狗奴国の後ろ盾であったと推測される中国の呉は西暦二八〇年に滅亡している。狗奴国は後ろ盾をなくし急速に衰えたと考えられる。また帯方郡の消滅は三一三年であり、その前後に高句麗、新羅、百済が成立する。つまり二八〇年から三一三年までの倭国内は、政治的には安定した時代であったと言えるのではないか。

従って、狗奴国からの攻撃の恐れがなくなったことにより、神武勢力はわりと容易に東へ向かうことができたであろうし、朝鮮半島に大きな政治勢力が確立された三一三年以降は、それに対応する備えとして東への移動に拍車が掛かったものと考えられる。そこで二八〇年頃から三二〇年頃にかけて、北部九州勢力の畿内への移動が断続的に起こったものと思われる。

ちなみに筆者は、箸墓は壱与の墓ではないかと思っている。箸墓の築造時期は最近主張されている三世紀中頃ではなく、当初想定されていた四世紀中頃と考えるほうが合理的である。筆者は、崇神勢力が磯城の地域に入ってから、大きな古墳を造って壱与の遺体を九州から移して埋葬することにより、力の誇示とともに邪馬台国の権威を引き継ぐ正当性を、神武皇統や大和盆地の人たちに主張したものと推測している。

『記・紀』の神武説話は、本来は崇神天皇の話であったものを二つに分けて神武天皇を創作したという考え方がある。その根源には、二人の〝ハツクニシラススメラミコト〟が示すように、神武皇統と崇神皇統とのつながりには誰もが疑問を持っていたことがあるのではないだろうか。ところがその答えが見つからないので、もっとも安易な神武天皇創作説が採られたものだと考えられる。しかし、神武皇統は投馬国系、崇神皇統は邪馬台国系と分けて考えれば、あらゆることが合理的に説明できるようになる。歴史を推理するに際しては、その箇所だけでなく前後を含めて全般的に整合性が取られねばならない。

ここまで述べてきた『古事記』『日本書紀』や『倭人伝』の分析及び考古学的成果に基づいた大和国家の成り立ちについての筆者の見解は、いくつかの真説を含みながらもまさに全体的な整合性が確保されていると考えている。

6. 二人の「ハックニシラス」の真相

『記・紀』では共に〝ハックニシラス〟と称されている神武天皇と崇神天皇であるが、その書き方をみると微妙な違いがある。

まず一つは『古事記』では、崇神に〝ハックニシラス〟の称号を与えているが、神武にはその称号があったとは記されていない。二つ目は、神武と崇神では語の順番が異なることである。崇神の場合は〝ハジメ〟と〝クニ〟は一体として使われており、〝ハックニ〟すなわち〝国の初めの頃〟と理解するのが正しいようだ。反対に、神武の場合は〝ハジメ〟が最初にきているので〝ハジメテ〟と読むのが正しく〝始めて天下（クニ）を治めた天皇〟と理解するべきであるようだ。

すなわち、神武は始めて国を治めた天皇、初めて大和盆地に入って国を創った天皇と考えられていたということである。また崇神は、国の初めの頃の天皇、大和に国が出来た頃にしっかり国を治めた天皇という理解であったように考えられる。ただし、『古事記』が神武については何も触れていないことは十分に留意しておく必要があると考える。

表12　ハツクニシラスの記載状況（『日本古典文学全集 古事記』『同 日本書紀』の注釈より）

『古事記』 崇神段	所知初国之御真木天皇 ハツクニシラス	知　初　国 … 初国（ハツクニ） シラス ハジメ クニ
『日本書紀』 崇神紀	謂御肇国天皇也 ハツクニシラス	御　肇　国 … 肇国（ハツクニ） シラス ハジメ クニ
『日本書紀』 神武紀	始馭天下之天皇 ハツクニシラス	始　馭　天下 ハジメテ シラス クニ

『記・紀』には、神武天皇は日向から東に向かったと明快に記述されている。また崇神天皇は九州から東遷したとの記述はないものの、天照大御神の祀りとか、あるいは三輪周辺の地名及び〝ヤマト〟の国名をみれば、邪馬台国と非常に強い関連性があることを示唆している。

いずれにせよ、奈良盆地西南部の橿原（柏原）を拠点とした神武皇統と、奈良盆地東南部の三輪の地域を拠点とした崇神皇統との差異・相違は否定しがたい事実である。

第六章　謎の四世紀を探る

1．巨大古墳の変遷から見た〝四世紀〟という時代の流れ

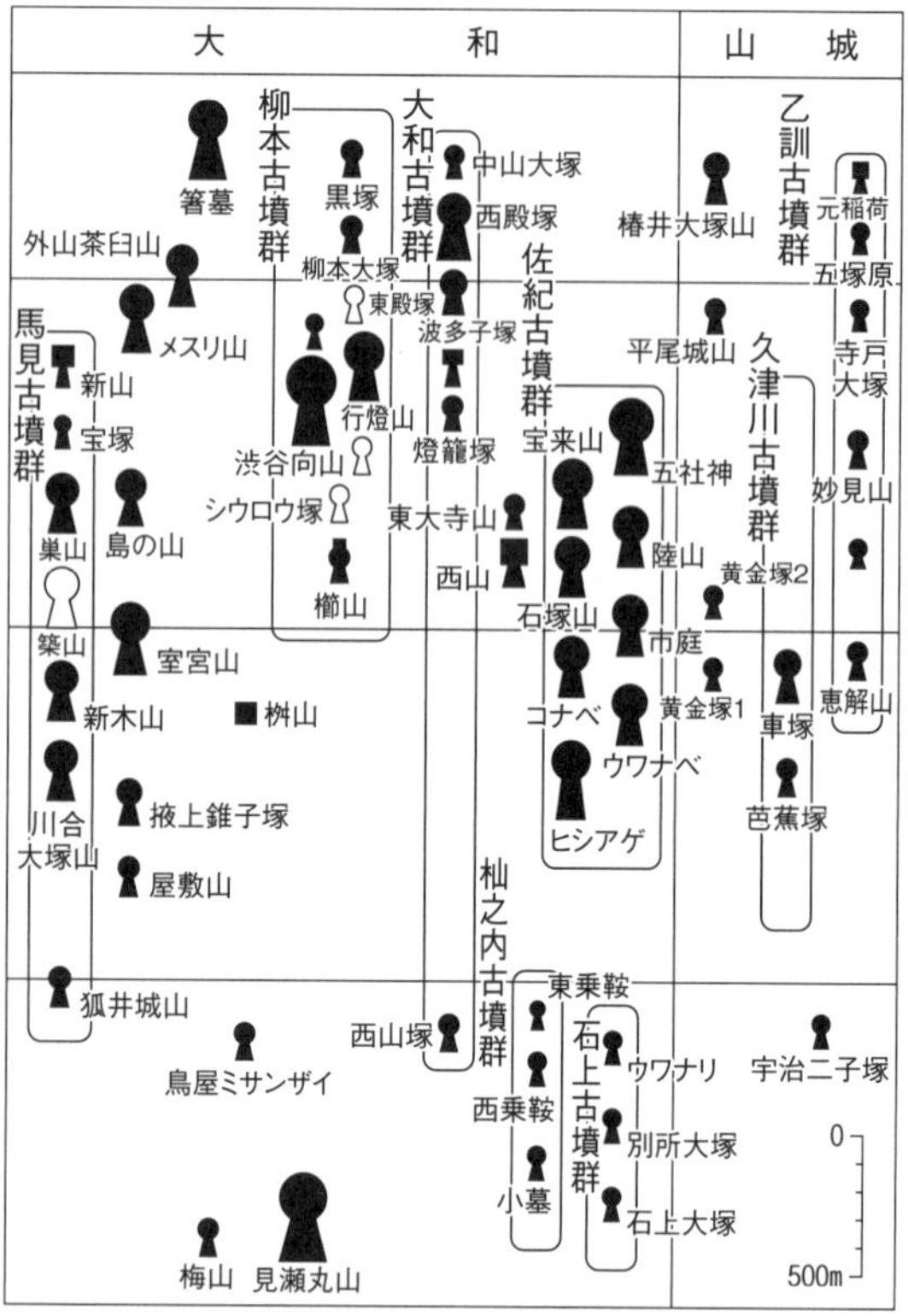

白石太一郎『古墳と古墳群の研究』より

〝謎の四世紀〟といわれるゆえんは、『晋書・武帝紀』に「泰始二年（二六六年）倭人、来たりて方物を献ず」と記されて以降、『晋書・安帝紀』に「義《ぎ》熙《く》九年（四一三年）この年、高句麗、倭国及び西南夷・銅頭大師並びて方物を献ぜり」と書かれるまで

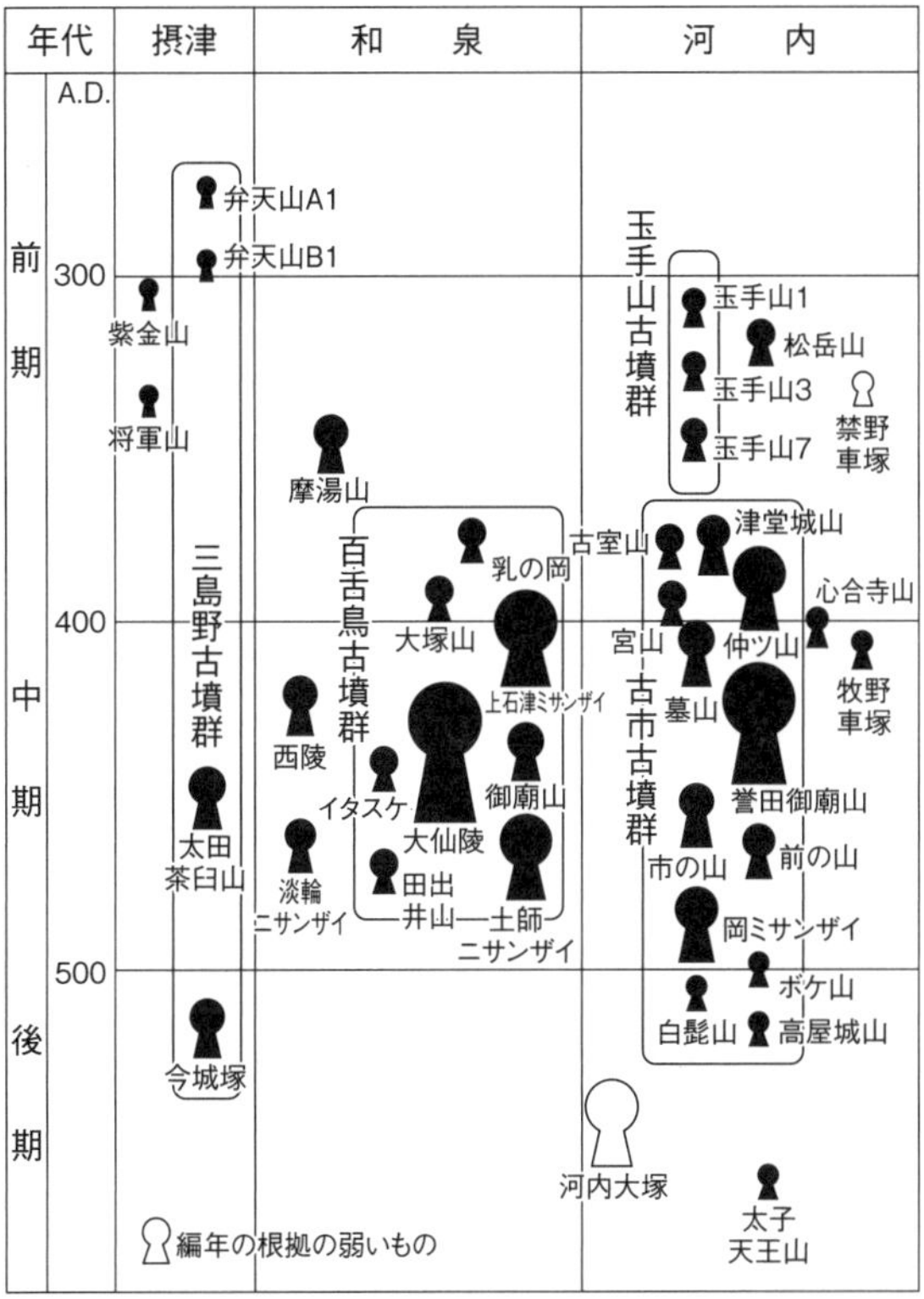

図18　畿内の主要古墳編年

の一四七年の間、中国の史書から〝倭〟が完全に消えたことによる。そして五世紀になると突如大和王権が確かな姿を現した。いったい四世紀に何があったのだろうか。

考古学者の間では前方後円墳は単なる墓ではなく、ヤマト政権の首長を軸とした西日本的規模における首長連合の共通のシンボルとして作り出された、極めて政治的色彩の濃厚な記念物であるとする考え方が強い。

そうすると、ヤマト政権の最高首長（すなわち後の大王）は、最も巨大な前方後円墳に

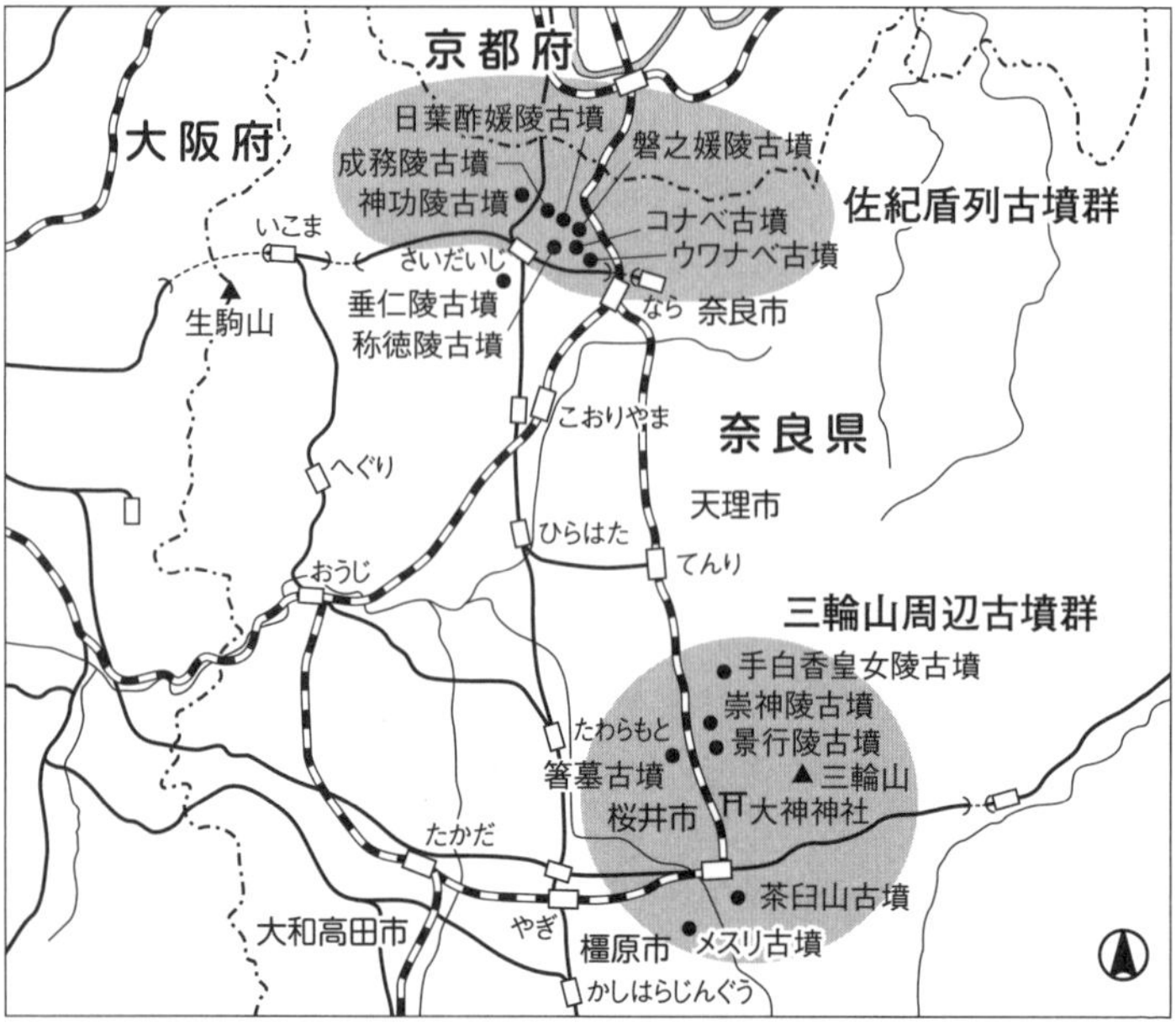

図19　三輪山周辺古墳群と佐紀盾列古墳群

埋葬されたはずであり、一方、古墳は本拠地に営まれるのが一般的であるので、巨大古墳の変遷をたどれば、おのずから王権の推移も明らかになるということになる。

古墳の編年については、**図18**（前ページ）のように、四世紀半ば頃までは三輪山周辺部に箸墓（全長二七八メートル）、碧玉《へきぎょく》製の玉杖が出土した桜井茶臼山古墳（全長二〇七メートル）、巨大な埴輪が立てられていたメスリ山古墳（全長二二四メートル）、景行陵とされる渋谷向山《しぶたにむかいやま》古墳（全長三〇〇メートル）、そして崇神陵とされる行燈山《あんどんやま》古墳（全長二四二メートル）などの巨大古墳が築かれた。

ところが四世紀後半になると、巨大古墳の中心地は大和北部の佐紀盾列《さきたたなみ》古墳群（図19参照）へと移った。佐紀古墳群における最大の古墳は神功皇后陵といわれている五社神《ごさし》古墳（全長二六七メートル）であるが、この古墳が築かれていた頃には日本の中でこの古墳より大きい古墳は築かれていない。従って、五社神古墳の主《あるじ》は四世紀後半に活躍したヤマト政権の最高首長であろうと多くの考古学者が推定している。

すなわち、四世紀後半のある時期に、ヤマト政権の最高首長権、つまり王権は、三輪山周辺の政治集団から佐紀盾列古墳群を築いた政治集団のもとに移動したものと考えられている。

古墳時代中期といわれている五世紀代に入ると、古墳は全国的に規模が大きくなる。中でも巨大な古墳が最も数多く築かれたのは、大和ではなくて河内であった。

河内の場合は、中心地が二カ所あり、一つは誉田御廟山《こんだごびょうやま》古墳（応神天皇陵　全長四二五メートル）を盟主とする古市古墳群で、もう一つは大山《だいせん》古墳、大仙陵《だいせんりょう》古墳（仁徳天皇陵　全長四八六メートル）を盟主とする百舌鳥《もず》古墳群である。つまり五世紀になると、巨大古墳の中心は佐紀から河内に移動したことになる。

巨大古墳の変遷という考古学的な観点からすると、ヤマト政権の最高首長権は、四世紀後半のある時期に三輪山周辺の政治集団から佐紀周辺の政治集団のもとへ移動し、さらに五世紀初期には河内の政治勢力へ移動したことになる。この巨大古墳の変遷は、四世紀前半から五世紀前半にかけて展開されたことであり、まさに〝謎の四世紀〟における歴史の大きな流れを示しているものと考えられる。

2.『記・紀』の分析から読み取れること

『日本書紀』は各天皇の記述の決まりごととして、①天皇の出自、②皇太子となった年月、③前天皇が崩御した年月、④天皇に即位した月日、⑤后の皇太后への称号変更、⑥新しい都の位置、⑦前天皇の陵への葬《はぶ》り、⑧新たな皇后の立后、という八項目について必ず冒頭に記述している。

例えば、第九代開化天皇の場合は、次のように記されている。

①大日本根子彦国牽天皇《おおやまとねこひこくにくるのすめらみこと》（孝元天皇）の第二子なり、母は鬱色謎命と曰し、穂積臣が遠祖　鬱色雄命の妹なり。
②日本根子彦国牽天皇の二二年春正月に立ちて皇太子《ひつぎのみこ》と為りたまふ。
③五七年秋九月に大日本根子彦国牽天皇崩ります。
④冬十一月辛未《しんび》の朔《ついたち》にして壬午《じんご》に即天皇位《あまつひつぎしろしめ》す。
⑤元年の春正月の庚午《こうご》の朔にして癸酉《きゆう》に皇后《きさき》（孝元天皇の皇后）を尊びて皇太后《おほきさき》と曰す。
⑥冬十月丙申《へいしん》の朔にして戊申《ぼしん》に都を春日の地に遷したまふ。是を率川宮という。

⑦五年の春二月の丁未《ていび》の朔にして壬子《じんし》に日本根子彦国牽天皇を剣池島上陵に葬りまつる。

⑧六年の春正月の辛丑《しんちう》の朔にして甲寅《かふいん》に伊香色謎命《いかがしこめのみこと》を立てて皇后としたまふ。

ところが、第十代崇神天皇の場合は次のように記されている。

①稚日本根子彦大日日天皇《わかやまとねこひこおほびびのすめらみこと》(開化天皇)の第二子なり、母は伊香色謎命と曰し、物部氏が遠祖大綜麻杵の娘なり。

②天皇、年十九歳にして立ちて皇太子と為りたまふ。

③六十年の夏四月に稚日本根子彦大日日天皇(開化天皇)崩ります。

④元年の春正月の壬午の朔にして甲午《かふご》に即天皇位《あまつひつぎしろしめ》す。

⑤皇后を尊びて皇太后と曰す。

⑧元年の辛亥《しんがい》の朔にして丙寅《へいいん》に御間城姫《みまきひめ》を立てて皇后としたまふ。

⑥三年の秋九月に都を磯城に遷したまふ。是を瑞籬宮という。(崇神紀では⑥は最後に記述)

開化天皇紀と崇神天皇紀を比較すると。崇神天皇紀の②には皇太子になった年は記述されているが、開化天皇の何年に皇太子になったのかとは記述されていない。さらに大きな

表13　前天皇の葬りの祀り記事の有無

②綏靖紀	③安寧紀	④懿徳紀	⑤孝昭紀	⑥孝安紀	⑦孝霊紀	⑧孝元紀
無し	有り	有り	有り	有り	有り	有り
⑨開化紀	⑩崇神紀	⑪垂仁紀	⑫景行紀	⑬成務紀	⑭仲哀紀	神功皇后紀
有り	無し	有り	無し	有り	有り	有り

違いは、崇神天皇紀には⑦の部分、前天皇である開化天皇の葬りの祀りが記載されていないことである。崇神紀の他の部分にもそうした記事は見られない。つまり『書紀』は、崇神天皇は開化天皇の葬りの祀り（儀式）を行わなかったと明確に記録しているのである。

前天皇の葬りの祀りの記事は、**表13**に示すように安寧から仲哀に至る間、崇神と景行を除いてはすべて冒頭に記述されている項目である。綏靖天皇紀には初代の神武天皇の葬りの祀り記事は記されていないが、これは神武死亡時に実権を握っていた手研耳命《たぎしみみ》が行ったことによるものと推測される。

ちなみに応神皇統においては、允恭《いんぎょう》紀、清寧紀、仁賢紀に前天皇の葬りの祀りを行ったとの記事がある。なお、仲哀天皇の葬りの祀りは、応神天皇ではなく神功皇后が行ったとされている。

この葬りの祀り記事の有無は、王権がスムーズに引き継がれたかどうかを表しているものと考えることができる。『書紀』においては、綏靖、崇神、景行ともに皇統の引き継ぎに際して争いがあったことが記されている。従って、綏靖天皇は別として、崇神及び景行の場合は皇統の変動を想定したほうが合理的であるように思われる。

表14 『古事記』における呼称に「若」を含む人物

若日子建吉備津日子	孝霊と蠅伊呂杼の子	兄に日子寤間命
若倭根子日子大毘毘	孝元と内色許売の子	兄弟三人の中の三男
若帯日子（成務）	景行と八坂入比売の子	兄弟三人の中の長男
若建王	倭建命と弟橘比売の子	一人っ子（書紀では三男とされる）
和訶（若）奴気王	成務と財郎女の子	一人っ子（書紀には記述なし）
男淺津間若子宿禰（允恭）	仁徳・石之日売の子	四人兄弟の末っ子（允恭天皇）
若日下部命	仁徳・髪長比売の子	大日下王の妹、雄略天皇の皇后

表15 『古事記』における呼称に「中」を含む人物

大中津日子	垂仁・氷羽洲比売の子	男四人のうちの三男
帯中津日子（仲哀）	倭健・布多遅伊理毘売の子	一人っ子（書紀には男三人の二男）
息長真若中比売	倭建の孫の杙俣長日子王の子	三人姉妹の真ん中
大中比売命（仲哀妃）	景行の子の大枝王の娘	二人兄妹の妹
額田大中日子	応神・高木入比売の子	男三人のうち長男
中比売	品陀眞若王の子（仁徳の母）	三人姉妹のうちの真ん中
墨江之中津王	仁徳・石之日売の子	男四人のうち二男（履中の弟）
忍坂大中比売	応神・迦具漏比売の子	女四人のうち三番目

次に「若《わか》」と「中《なかつ》」の呼称が意味することについて考えたい。

古代では名前をつける場合の慣行のようなものがあった。**表14**は『古事記』に登場する「若」の呼称のついた人物であり、表15は「中」の呼称がついた人物である。

表14では、若帯日子を除いて長男はいない。だいたい次男か三男の位置づけである。「若」がつく場合は、基本的に弟あるいは末子と考えることが妥当なところである。従って若帯日子については「若」がついての長男はあり得ない。

この場合、父親とされる景行の大帯日子淤斯呂和気《おほたらしひこおしろわけ》と比較して見るべきである。景行天皇と成務天皇では「大帯日子」と「若帯日子」が対になっている。大日下王《おおくさかのみこ》の兄に対して、若日下部命《わかくさかべのみこと》の妹のように、一般的に「大」と「若」あるいは「小」は対となる呼称であり、「大」は兄で、「若」もしくは「小」は弟あるいは妹となる。従って、若帯日子（成務）は景行の子ではなく弟と考えるべきである。

次に「中」と呼ばれる意味を考える。**表15**を見ると、帯中津日子（仲哀天皇）と額田大《ぬかたのおお》中《なかつ》日子、及び仲哀妃の大中比売命以外には長男や末子はいない。皆、何人かのうちの真ん中とか二番目、三番目となっている。「中」という字は本来そういう人物の呼称となる。

帯中津日子（仲哀）については『記』では一人っ子だが、『書紀』では三人兄弟の二番目となっている。一人っ子で「中」の呼称は不適当だから、この場合は『書紀』の系図のほうが正しいと判断できる。

問題は大中津日子である。『書紀』では大中津姫とされる。『記』では、垂仁・氷羽洲比売の男子は、印色入日子《いにしきいりびこ》、大帯日子淤斯呂和気（景行天皇）、大中津日子、若木入日子《わかきいりびこ》の四人とされる。四人のうちの三番目で「中」が付くことには妥当性はあるが、一方で「大」と呼称されているところに問題がある。この場合は、むしろ大帯日子淤斯呂和気を除くと三人の真ん中で、中津日子として収まりがいいように思う。

「大」は母親の氷羽洲比売が垂仁の皇后、すなわち第一の女性であったからと考えるべきではないか。景行と印色入日子（『記』の系譜では長男となっている）が大王位を争ったとの伝承もあり、さらに景行には「大」の呼称があることを踏まえると、景行は垂仁の子ではないと考えたほうが、より整合性のとれた系譜になると考えられる。

従って、**表14**と**表15**において読み取れることは、景行は垂仁の子ではないことと、景行と成務は親子ではなく兄弟であったということである。

ちなみに、若帯日子（成務）と帯中津日子（仲哀）は、具体性に欠ける名前であることなどにより歴史学者の間では実在が否定されている。しかし、創作された人物であるのなら、なぜ実際にありそうな名前を付けなかったのかとの疑問が出てくる。例えば景行の淤斯呂和気のような個人名を持っていたけれど、その部分が忘れ去られて〝若帯〟と〝帯中津〟だけが記録されたと考えるほうが合理的ではないだろうか。

3. 日子坐王について

①日子《ひこ》坐《います》王《のみこ》系譜の特徴

次ページの**系図2**は、開化天皇の子であり、崇神天皇の弟とされる日子坐王の系譜である。この系譜は、『古事記』開化天皇段の四分の三を占める量で長々と記されている。天皇ではない人物の系譜としては異常といえる長さである。

この系譜が『古事記』に記された狙いは、息長帯比売《おきながたらしひめ》（神功皇后）が日子坐王の子孫であることを明らかにするためというのが大方の説であり、神功皇后の出自は、遡れば開化天皇に至り、皇室の子孫であることの主張を第一義とするものであると理解されている。筆者もそれに賛同しているものの、それだけではないような印象をこの系譜から受けている。

『古事記』のこの前後の記事では、登場人物は「〇〇の命」とされているのに対して、この系譜ではすべて「〇〇王」と表記されている。日子坐王についても『古事記』だけでなく『書紀』においても、誰もが「命」と表記されている中で「王《みこ》」という呼称となっている。このことは、日子坐王が単に天皇の子であり、また神功皇后の祖先であるというだけ

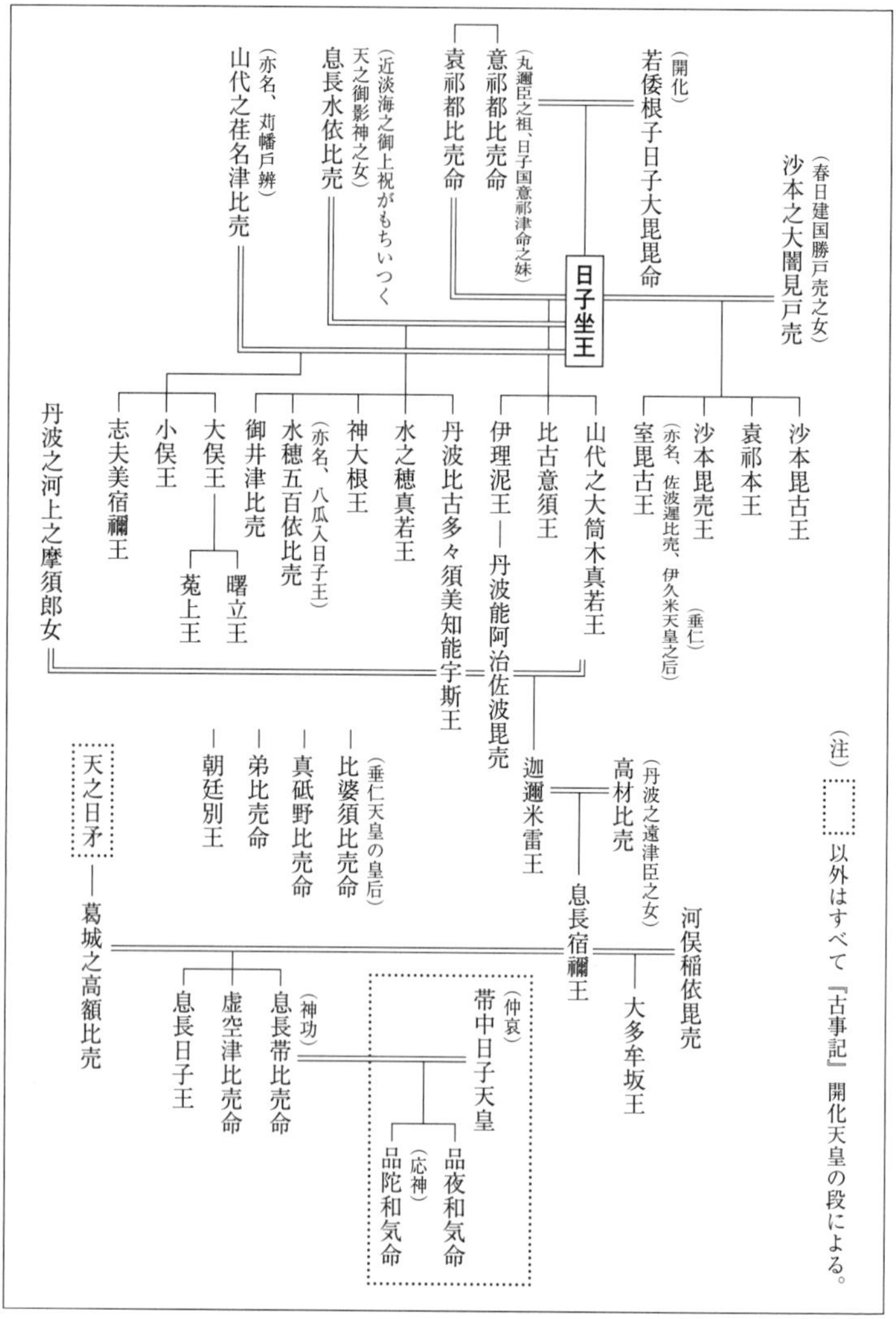

系図２　日子坐王の系譜
（塚口義信『邪馬台国と初期ヤマト政権の謎を探る』より）

でなく、何か特別の存在であったことを暗示しているように思われる。

②垂仁天皇の妃は日子坐王の関係者ばかり

表16は垂仁天皇の后・妃の一覧である。迦具夜比売と山代の苅羽田刀弁《かりはたとべ》及び弟《おと》苅羽田刀弁を除けば、すべて日子坐王の娘か孫ばかりである。

『古事記』にのみ記載の迦具夜比売は、日子坐王の異母兄の比古由牟須美命《ひこゆむすみ》の孫であるが、父親の名である大筒木は山代南部の綴喜《つづき》に由来するので、坐王とのつながりは強いと考えられる。

さらに苅羽田刀弁については系図2に見られるように、日子坐王の妃に山代の荏名津比売《えなつひめ》（亦の名は苅幡戸弁《かりはたとべ》）という女がいるので、垂仁記の苅羽田刀弁、弟苅羽田刀弁も荏名津比売と関係があると思われ、日子坐王とのつながりのある者と考えてもいいだろう（注：苅羽田あるいは苅幡は山背南部の地名）。

そうすると垂仁天皇の妃は、すべて日子坐王とつながりのある女性ばかりということになる。ちなみに**系図2**の中には日子坐王の娘と孫は七人いるが、そのうち四人が垂仁天皇の妃となっている。これが意味することとは何だろうか。

古代においては戦いに敗れた側は勝者に女を差し出すことが通例であった。従って日子坐王の勢力は戦いに敗れた側であって、一族の女を勝者である崇神天皇の子の垂仁天皇に差し出したと理解できる。

『記・紀』ともに、垂仁の段には坐王の子である沙本毘古王《さほびこのみこ》の反乱伝承が記され、崇神の段には坐王の叔父である建波邇安王《たけはにやすのみこ》の反乱伝承が記されている。この反乱伝承と垂仁天皇の妃の出自を考え合わせれば、崇神勢力と日子坐王勢力との間で戦いが起こり、崇神勢力が勝利したことが容易に読み取れる。


『日本書紀』を注意深く読むと、神武から開化までの神武皇統と崇神以降の皇統には大きな分断があることが分かる。一つは、崇神は開化天皇の葬りを行っていないこと。二つには、崇神・垂仁期に反乱伝承が相次ぐことである。

筆者は、崇神期の武埴安彦の乱とされる木津川での戦いや、武埴安彦の妻である吾田媛《あたひめ》の大坂での戦いが、実は崇神と、開化の子である日子坐王の間での戦いであったと理解している。なぜなら山背と大坂という北と西の二方向から大和に攻め込むという武埴安彦の戦略は、単に反乱とするにはスケールが大きすぎるからである。日子坐王を総大将とする武埴安彦軍と崇神の軍との戦いと考えると、崇神紀に開化天皇の葬りの記事のないことや垂仁期における佐保彦の反乱など、前後の記述との整合性が非常によく取れる。

さらに付け加えれば、建波邇安王と沙本毘古王の反乱伝承は、『記・紀』ともにかなりの文字数を使って記録されている。このことは崇神勢力と日子坐王勢力との戦いが、古代

表16　垂仁天皇の妃

古事記		日本書紀	
名前	日子坐王との関係	名前	日子坐王との関係
・沙本毘古の妹 佐波遅比売	娘	・狭穂彦王の妹 狭穂姫	娘
・美知能宇斯王の娘 氷羽洲比売	孫	・丹波の五女　第一 日葉酢媛	孫
・氷羽洲比売の妹 沼羽田入毘売	孫	・　々　第二 沼葉田瓊入媛	孫
・沼羽田入毘売の妹 阿邪美能伊理毘売	孫	・　々　第三 真砥野	孫
		・　々　第四 薊瓊入媛	孫
・大筒木垂根王の娘 迦具夜比売	異母兄の孫	・　々　第五 竹野媛	孫
・山代の大国之淵の娘 苅羽田刀弁	不明	・山背の苅幡戸辺	不明
・大国之淵の娘 弟苅羽田刀弁	不明	・山背大国不遲の娘 綺戸辺	不明

社会において〝皇統の変化〟につながったほどの極めて重要な出来事であったことを示している。そして『古事記』の詳細な日子坐王系譜（**系図2**）は、日子坐王が開化天皇の正統な後継者であり、本来なら天皇になるべき人物であったことを示唆しているのではないだろうか。

③日子坐王系譜が示す日子坐王の勢力基盤

系図2にあるように、日子坐王の妃は沙本之大闇見戸売《さほのおおくらみとめ》、袁祁都比売《をけつひめ》、息長水依比売《おきながのみづよりひめ》、山代之荏名津比売《えなつひめ》の四人となっている。

春日建国勝戸売《かすがたけくにかつとめ》の娘である沙本之大闇見戸売とその子の沙本毘古王《さほびこのみこ》や沙本毘売《さほびめ》は、沙本（佐保）と春日の地名が示すように奈良北部と非常に深い関係を持つ系譜となっている。日子坐王の母親の意祁都比売《おけつひめ》とその妹である袁祁都比売は、丸邇臣《わにのおみ》の祖日子国意祁都命《ひこくにおけつのみこと》の妹である。

丸邇氏は天理市和爾町《わにちょう》辺りを拠点とする豪族で、山城の宇治辺りや近江の琵琶湖西岸（大津市辺り）にも拠点があったとのことである。その子の山代之大筒木真若王《やましろのおおつつきまわかのみこ》の筒木は、京都南部の綴喜《つづき》に由来する。さらにその子である迦邇米《かにめ》雷王《いかづちのみこ》の迦邇米は、山城南部の相楽郡蟹幡《かむはた》に由来するとされている（かむはた↓かにまん↓かにめ）。

そしてその子として息長宿禰王《おきながのすくねのみこ》が登場する。一般的に息長氏といえば近江坂田郡の南部地域（米原市辺り）が本拠地だとされているが、堺女子短期大学名誉学長である塚口義信氏（歴史学者）は、山城綴喜郡には「息長山」という古代にまで遡りうる山号を持つお寺（観音寺）があることなどから、近江坂田とは別系統の息長氏が綴喜郡を根拠地にしていたことは間違いのないこととしている。

いずれにせよ息長帯比売（神功皇后）、応神天皇につながる袁祁都比売系の系譜が示すことは、日子坐王が大和北東部や山城南部及び近江とのつながりが強かったということである。

また息長水依比売の系統は、丹波比古多々須美知能宇斯王《たにはのひこたたすみちのうしのみこ》の名が示すように丹波とのつながりが強い。美知能宇斯王は丹波之河上之摩須郎女《たにはのかわかみのますいらつめ》を妃としており、『書紀』では崇神天皇の四道将軍の一人で、丹波を平定したとされている。また、これ以外にも**系図2**には丹波の名を冠した者が多くいる。さらに崇神記には、日子坐王を旦波国に派遣して玖賀耳《くがみみ》の御笠《みかさ》を殺させたという記述もある。日子坐王は丹波とはかなり強い関係があったと考えざるを得ない。

表17　日子坐王を祭神とする神社
（筆者が確認した範囲での数値）

国名	神社数
能登	1
出雲	1
近江	5
但馬	3
丹波・丹後	3
摂津	1
美濃	1

このように**系図2**から読み取れる日子坐王の勢力基盤とは、大和の北部、山城の南部地域、近江及び丹波に広がっていたと考えられる。ちなみに、日子坐王を祭神とする神社（**表17**）は、近江と丹波・丹後に数多く分布する。しかもそのほとんどが式内社であって、古くから祀られていたことが明らかとなっている。

4. 崇神皇統（崇神王朝）について

①崇神・垂仁と景行との間には断絶がある

・大田田根子 ・物部連の祖　伊香色雄 ・吉備津彦（五十狭芹彦命） ・和珥臣の遠祖　彦国茸 b ・武日照命（武夷鳥）	〈・出雲臣の遠祖　出雲振根〉 ・振根の弟　飯入根 ・振根の弟　甘美韓日狭 ・飯入根の子　鸕濡渟 ・任那の蘇那曷叱知 b
・三輪君の祖　大友主 f 〈・狭穂彦王〉 ・野見宿禰 ・阿倍臣の遠祖 武淳川別 a ・物部連の遠祖　十千根 ・中臣連の遠祖　探湯主	・倭彦命　・五十瓊敷命 ・大足彦尊 ・出雲の土部壱佰人 ・山背大国の不遅 ・田道間守 ・天日槍の曾孫　清彦
・阿倍氏木事（淳川別子孫）	
・美濃国造　神骨 ・神夏磯媛 ・諸県君　泉媛	・山部阿弭古の祖　小左 ・阿蘇都彦 ・武内宿禰 e f g h i j k
・石占（桑名郡）の横立 ・大碓皇子	・尾張氏　・吉備武彦 ・大伴武日連 b
・膳臣の遠祖　磐鹿六鴈	

『日本書紀』の崇神紀四十八年条に、豊城命《とよきのみこと》と活《いく》目尊《めのみこと》（垂仁天皇）との夢占いによって皇位継承者を決めたという話が記されている。豊城入彦命と活目尊との間に皇位を巡っての何らかの争いがあったことを示唆している。

また垂仁紀三十年の条には、五十瓊敷命（五十《い》瓊敷入彦《にしきいりびこ》命）と大足彦《おおたらしひこ》

表18　『日本書紀』における主な登場人物…系譜の中の皇子・皇女は除く

崇神紀 a	系譜	・紀の国の荒河戸畔	・尾張の大海宿禰
	他	・穂積臣の遠祖　大水口宿禰 b ・陶津耳 ・大彦命 ・丹波の道主命 b ・豊城命 ・矢田部造の遠祖　武諸隅	・伊勢の麻績君 ・市磯の長尾市 b ・武渟川別 b 〈・武埴安彦〉 ・活目尊
垂仁紀 b	系譜	・丹波の道主王 a	
	他	・任那の蘇那曷叱知 a ・倭直の祖　長尾市 a ・上毛野君の遠祖　八綱田 ・誉津別皇子 ・和珥臣の遠祖　彦国葺 a ・大伴連の遠祖　武日 d	・新羅の王子　天日槍 ・出島（出石）の人　太耳 ・当麻蹶速 ・鳥取造の祖　天湯河板挙 ・中臣連の遠祖　大鹿島 ・穂積臣の遠祖 大水口宿禰 a
景行紀 c	系譜	・八坂入彦命（崇神の子）	・三尾氏磐城別（垂仁の子）
	他	・屋主忍男武雄心命（武猪心） ・多臣の祖　武諸木 ・物部君の祖　夏花 ・水沼県主　猿大海	・紀直の遠祖　菟道彦 ・国前臣の祖　菟名手 ・火国造　市鹿文
倭建条 d	系譜	・穂積氏忍山宿禰	・吉備武彦
	他	・美濃の国　弟彦公 ・尾張の田子稲置	・葛城の人　宮戸彦 ・尾張の乳近稲置
景行紀 倭建死後 c		・稚足彦尊 ・彦狭島王	・武内宿禰 ・御諸別王
成務紀 e		・武内宿禰 c f g h i j	・足仲彦尊

注１：〈　〉内は敵対した人物
注２：表の中の小文字アルファベットは登場する他の欄を示す

尊との皇位を巡る争いの話が記されている。垂仁天皇が五十瓊敷命と大足彦尊に「汝等、各《おのおの》情《じょう》願《がん》の物を申せ」と言ったところ、兄の五十瓊敷命は「弓矢を得まく欲し」と答えたのに対し、弟の大足彦尊は「皇位《あまつひつぎ》を得まく欲し」と答えたため、垂仁天皇は弓矢を五十瓊敷命に賜い、大足彦尊には「汝は必ず朕が位を継げ」とのたまったという内容である。

　ここでは、明快に〝皇位〟という言葉が出ているだけでなく、武器である〝弓矢〟という言葉も出ており、五十瓊敷命と大足彦尊との間に皇位を巡っての戦いがあったことを強く示唆している。

表18は『日本書紀』の登場人物を各天皇紀ごとに分けて表にしたものである。これは各天皇のもとで、誰が活躍したのかを把握するために作成したものである。従って、皇族と天皇の后、妃の親は除外してある。后妃の親は天皇に仕えた人物ではあるが、この時代では戦いに負けた側が娘を差し出すことが多かったことを踏まえて除外した。

この表の特徴をまとめると次のようになる。

1. 崇神紀と垂仁紀の両方に登場する人物は六名と多く、臣下に継続性が見られる。
 ・すなわち、垂仁王権と景行王権とでは一部において断絶が推定できる。
2. 垂仁紀と景行紀では同一人物の登場は見られず、臣下の入れ替わりがあったと思われる。
3. 景行の妃には崇神及び垂仁の関係者の親族が多い。景行紀の系譜欄登場人物はすべて崇神・垂仁の関係者である。
 ・八坂入彦は崇神の子で、妃となる八坂入媛は崇神の孫となる。
 ・三尾氏の磐城別は垂仁の子であり、その妹の水歯郎媛《みずはのいらつめ》が景行の妃となっている。
  注：ただし水歯郎媛は『記』には記載がない。

・阿倍氏は武渟川別《たけぬなかわわけ》（大彦命の子）の子孫であり、崇神・垂仁との関係は強い。

　注：阿倍氏木事及び娘の高田媛ともに『記』には記載なし。

・また、倭建命《やまとたけるのみこと》の妃の一人は垂仁の娘である両道《ふたぢ》入姫皇女《いりひめのひめみこ》となっている。

以上のことから、景行紀の系譜記事は崇神・垂仁勢力が景行勢力に屈服したことを示唆していると考えられる。

4．景行紀の登場人物は、大部分が九州の人間（十三名中八名）。

・大和及び畿内の大豪族の名はまったく出てこない。
（紀直《きのあたい》の菟道彦《うじひこ》は武内宿禰の系譜記事に登場）

・ただし、倭建命条には、垂仁紀の五大夫（武渟川別、彦国葺《ひこくにふく》、大鹿島、十千根、
　武日）のうち大伴武日連が登場する。

5．崇神・垂仁紀に登場する大和の大豪族が登場するのは、仲哀紀の仲哀の死後の条。
　（一三三ページの**表23**）

従って、**表18**から理解できることは、崇神・垂仁と景行では臣下の継続性が見られないだけでなく、景行の妃の出自を考えると、崇神・垂仁勢力は景行勢力に敗北したと推測されるということである。

②景行天皇は崇神・垂仁天皇とはまったく異質な存在

崇神の和風諡号は御真木入日子印恵（ミマキイリビコイニエ）で、垂仁は伊玖米入日子伊沙知（イクメイリビコイサチ）であるのに対し、景行は大帯日子淤斯呂和気（オホタラシヒコオシロワケ）となっている。一見しただけで異質であることが分かる。

この違いについては多くの研究者が指摘しているが、その異質さが意味するところを明らかにした事例はない。だが、垂仁から景行への移行に際して、その取り巻く状況を考慮するならば「謎の四世紀」のひとつの真相が見えてくる。

歴史学者の間では、四世紀の後半に〝崇神王朝〟から〝応神王朝〟への交代があったとする説が広く容認されている。崇神の皇統とは、崇神・垂仁・景行・成務・仲哀の五天皇を指すわけであるが、崇神・垂仁と景行・成務・仲哀では大きな違いがある。

別名で〝イリ王朝〟と呼ばれる崇神・垂仁系統には〝イリ〟の付いた名を持つ者が多い。反対に、景行・成務・仲哀の諡号には〝タラシ〟という言葉がある上に、名前の構成自体がまったく異なっている。景行は垂仁の子ではないと前述したように、景行・成務・仲哀と崇神・垂仁は系統が異なる一族と理解すべきだと思われる。和風諡号がそれを端的に示唆しているのではないだろうか。

ちなみに、〝タラシ〟は後の舒明天皇の〝オキナガタラシヒヒロヌカ〟や皇極天皇の〝アメトヨタカライカシヒタラシヒメ〟から取ったもので、七世紀前半に命名されたもの

表19　宮処と御陵の比較

	宮をおいた所		葬られた御陵	
	古事記	日本書紀	古事記	日本書紀
崇　神	師木の水垣宮	磯城の瑞籬宮	山辺道の勾之岡の上	山辺道上陵
垂　仁	師木の玉垣宮	纏向の珠城宮	菅原の御立野の中	菅原伏見陵
景　行	纏向の日代宮	纏向の日代宮 志賀の高穴穂宮	山辺道の上	倭国の山辺道上陵
成　務	志賀の高穴穂宮	記述なし	沙紀の多他那美	狭城の盾列陵
仲　哀	穴門の豊浦宮 筑紫の訶志比宮	角鹿笥飯宮 穴門の豊浦宮 儺県の橿日宮	河内の恵賀の長江	河内国の長野陵

だとの説が広まっており、成務・仲哀の非実在説の根拠とされている。

しかし〝タラシ（帯）〟の名を持つ者は、垂仁の子の沼《ぬ》帯別《たらしわけ》命、伊《い》賀《が》帯日子《たらしひこ》命、五十《い》日《か》帯日子《たらしひこ》王などや、孝安天皇の大倭帯日子《たらしひこ》国押人という例もあり、七世紀前半に創作された人名であるとすることには同意できないと筆者は考えている。

さらに付け加えるならば、仮に七世紀に成務と仲哀が机上で創作されたとするのであれば、創作される前の系譜は必ずどこかに残っていて、現在の『記・紀』の伝える皇統譜以外の皇統譜が残されていてもおかしくはない。ところが、『記・紀』における神代史は、『古事記』が天之御中主神から始まるのに対し『書紀』は国常立尊から始まるなど、神の系譜でさえも異伝が伝えられているのに対して、皇統譜の異伝はまったく伝えられていない。

このことこそが、現在『記・紀』に伝えられてい

表20　熊襲征伐の記事

景行12年	秋七月に、熊襲反きて朝貢《みつきたてまつ》らず。八月に築紫に幸《いでま》す
景行27年	秋八月に熊襲反きて辺境を侵す。冬十月、日本武尊を遣して熊襲を撃たしめ給う。
仲哀２年	三月に熊襲叛きて朝貢らず。天皇、熊襲を討たむと穴門に幸す。 注）熊襲を討ったという記事はなし
仲哀８年	秋九月に天皇、熊襲を撃ちたまい、え勝ちたまわずして還りたまう。
仲哀９年	三月に神功皇后、吉備臣が祖鴨別を遣して熊襲国を撃たしめ給う。

る皇統譜が真実を記していることの明白な根拠といえるのではないだろうか。

表19は、崇神から仲哀までの各天皇の宮と御陵の表である。注目すべき点は、景行がその晩年に宮を志賀の高穴穂宮に移していることと、成務・仲哀は大和には宮を置かなかったということである（注：近江の志賀は前述した日子坐王の勢力範囲に入るところ）。

とりわけ仲哀天皇は、畿内から遠く離れたところにしか宮を置いていない。角鹿笥《つぬがのけ》飯宮《ひのみや》（福井県）は一時的な行在所のような所なので、実質的には長門と築紫に宮を置いて政治を行ったといえる。また景行が高穴穂宮に遷《うつ》り、成務もその宮を引き継いだ理由は、志賀からは琵琶湖・角鹿経由で九州へすぐに行くことができたことによると思われる。

崇神・垂仁と景行・（成務）・仲哀の大きな違いとは、〝熊襲征伐〟の記事の有・無である。

表20は、景行紀及び仲哀紀に記載された熊襲の反乱記事で

ある。『書紀』の紀年によれば、景行十二年から仲哀九年は一一七年間のこととされる。しかし『書紀』の紀年の延長度合を考慮すると、実質的には二十年弱のことになる。わずか二十年の間に、熊襲は何度も反旗を翻し、何度も熊襲征伐が行われたということである。景行～仲哀の時期だけに熊襲征伐が集中していることには違和感を抱かざるを得ない。しかも仲哀紀では、仲哀が熊襲を討とうとしたものの、勝つことができずに還ってきたと記されている。この時期だけに、熊襲征伐を執拗に記述した『記・紀』の意図とは何なのだろうか。何かが隠されているように思えてならない。

また陵について考えると、成務は大和の北部地域である佐紀に、仲哀は河内にと、三輪山周辺地域から遠く離れることになる。ここにも崇神・垂仁と成務・仲哀との違いが示されている。景行は三輪山周辺地域に葬られているものの、晩年に宮を大和の三輪山周辺から近江の志賀に移したことを考慮すると、やはり崇神・垂仁との相違が認められる。

③巨大古墳の変遷に対応する景行・成務・仲哀の王権

ここまで崇神・垂仁皇統と景行・成務・仲哀皇統の相違点について述べてきた。

・景行と垂仁の子の五十瓊敷入彦命が争ったとの伝承。

・和風諡号が〝イリ〟と〝タラシ〟という明確な違いがあること。

・和風諡号は景行が垂仁の子ではないと示していること。

・景行が垂仁の葬りの祀りを行っていないこと。
・宮処が置かれたところや九州への関与の有無の違い。
など、皇統の違いを示す事例が数多く見られる。そしてこれらの相違点は、古墳時代前期における巨大古墳の三輪山周辺から佐紀への変遷という考古学的事実と見事に対応している。

まさに、巨大古墳の変遷は〝謎の四世紀〟のひとつの真実を示していると言わざるを得ない。従って、神武天皇からの皇統を、開化天皇の子の日子坐王から奪い取った崇神天皇の皇統は、再び景行天皇に奪われたという判断は、十分に整合性が取れるものと考えられる。そして、景行が宮を志賀へ遷したことを考慮すると、景行勢力の基盤とは、まさに日子坐王の勢力基盤と重なってくると考えてもよいのではないだろうか。

④応神は出自に負い目があった

系図3は、景行天皇及び倭建命から仲哀天皇の子である香坂王《かごさかのみこ》・忍熊王《おしくまのみこ》に至る系譜である。

香坂王・忍熊王とは、『記・紀』では神功皇后と応神天皇に対して反乱を起こして敗れ、滅びた者として伝えられている。だが実際のところは、香坂王・忍熊王こそが仲哀天皇の正統な後継者であって、神功・応神こそが香坂王・忍熊王に反乱を起こしたものと一般的

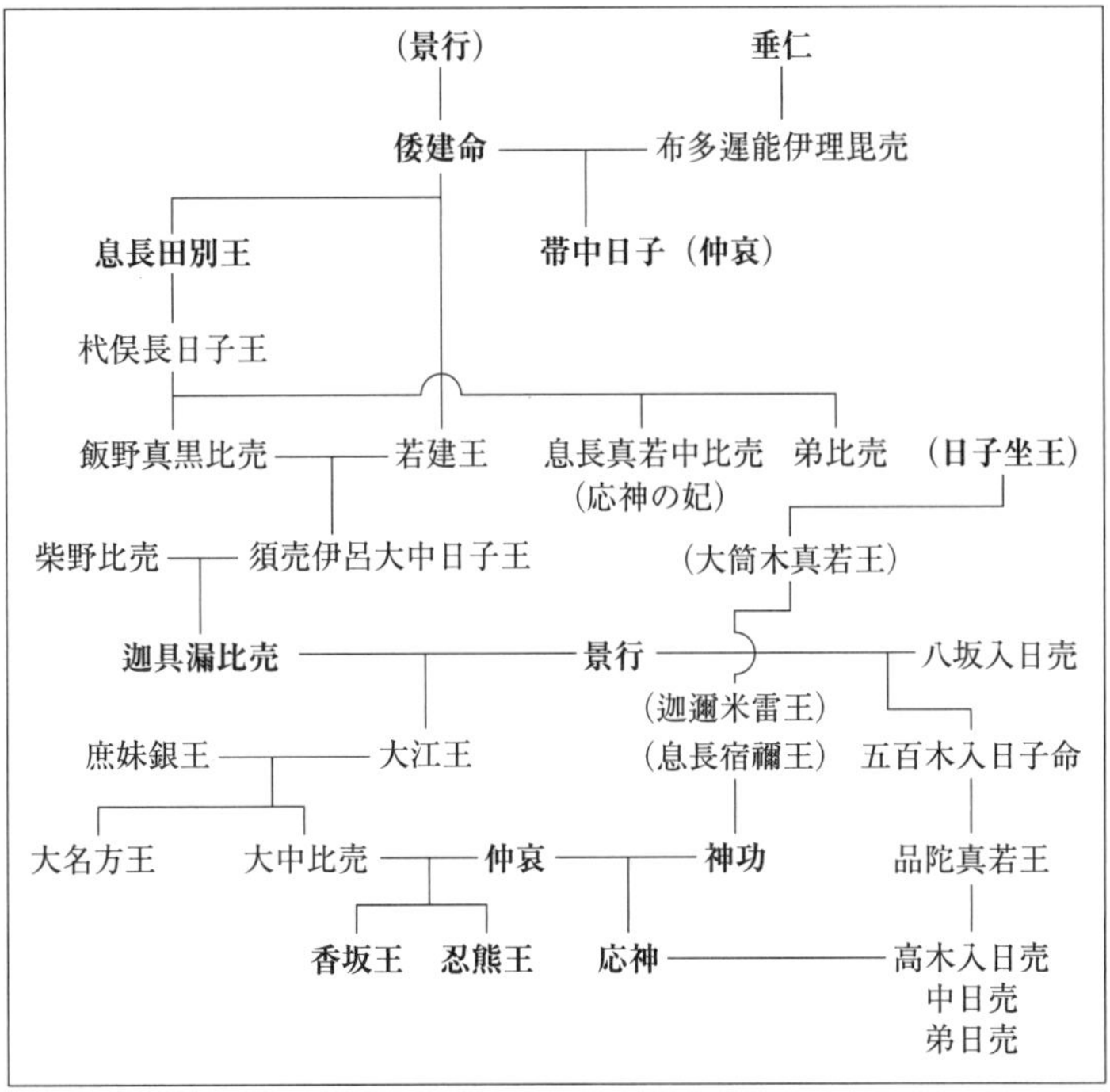

系図３　『古事記』の景行及び倭建命の関連系図

には理解されている。

　なぜなら、この系譜が示していることは、香坂王・忍熊王の母親である大中《おおなかつ》比売《ひめ》は景行天皇の孫ということである。一方の応神天皇の母親である神功皇后は、五代を遡ってようやく開化天皇につながるという出自であり（しかも母方の祖先は天之日矛という朝鮮からの渡来人）、応神の血統は香坂王・忍熊王とは格段の差があったことになる。

　ただ問題は、大中比売の父親である大江王は景行と迦具漏比売との子とされていることである。迦具漏比売は倭建命の曾孫（孫の子）であって、倭建命の父親である景行天皇にとっては玄孫（孫の孫）を妃とするという、本来ならあり得ない状況である。従って、この系譜にはどこかに工作の跡があるとされている。

『記・紀』における天皇の子の系譜には、必ず母親の名が明示されている。ただ例外が二カ所ある。それは『古事記』における景行天皇の系譜と倭建命の系譜である。景行天皇の系譜記事はかなり乱れていて、『記』と『紀』ではその内容が大きく食い違っている。

さらに景行記には、母親の名が明示されずに「妾の子《みめ》」とされている王や比売が八柱も登場する。そして、景行記における倭建命の系譜にも「一妻の子《あるみめ》」が一柱登場する。それが、**系図3**の息長田《おきながた》別王《わけのみこ》である。

筆者は、息長田別王から須売伊呂《すめいろ》大中日子王の系譜が本来の系譜に挿入されたと考えている。おそらく迦具漏比売は倭建命と柴野比売との間の子ではないかと推測している。玄孫となると年代的に非常に難しいけれど、孫（迦具漏比売）であるならば自分（景行天皇）の妃とすることは十分にあり得たものと思われる。

では、誰が息長田別王の系譜を倭建命の系譜に挿入したのかといえば、それは息長氏（あるいは神功皇后か応神天皇）以外には考えられない。神功の和風諡号は〝息長《おきなが》帯《たらし》比売《ひめ》命〟であり、息長氏の娘で天下を治めた比売という、非常に分かりやすい諡号となっている。

田別王系譜の挿入の狙いは、大中比売の父親（大江王）の母親である迦具漏比売は先祖をたどれば息長氏であって、大中比売と神功皇后は共に同じ息長氏を出自としていて、格差はそれほどでもないと主張することではないかと考えられる。当然、それは景行天皇の曾孫である香坂王・忍熊王の血統をも貶《おとし》め、応神との血統面での格差をできる限り矮小化《わいしょうか》しようとしたものではないだろうか。

5. 朝鮮半島への軍事行動

表21は、四世紀から五世紀初頭の『三国史記』に記された倭関係の記事の一覧である（一部、広開土王碑文の記事を含む）。『三国史記』新羅本紀の倭関係記事は、三世紀までの記事は紀元前五〇年の「倭兵、辺地をうかがう」を最初に、三〇〇年までで二十二件（そのうち三世紀は十件）記されている。

ただし、『三国史記』について綿密な文献批判を行った歴史学者の三品彰英によれば、「新羅の奈解王（在位一九六〜二三〇年）までの記事は伝説の範疇《はんちゅう》であり、また新羅での文字の使用という観点からすると三六四年以降の紀年は信用できるが、それ以前の紀年は不確か」とのことである。それでも三世紀に十件、四世紀に七件の記事があるということは、〝倭〟と朝鮮半島との交流はかなり頻繁に行われていたことが推測できる。

ところが、こうした半島との交流は神功皇后紀・応神紀を除けば『記・紀』にはまったく記されていない。**表21**が示す紀年のときの天皇は誰なのか、これこそが〝謎の四世紀〟を解き明かす大きな鍵となってくる。

表21　『三国史記』における倭関係記事

312年	倭国王が子の為に妻を求めてきたので阿飡急利《あさんきゅうり》の娘を送った
344年	春二月、倭国が婚姻を請うてきたが、すでに一人嫁いでいることを理由に断った
345年	倭王が文書でもって絶交してきた
346年	倭の兵がにわかに風島に来て辺境の民家を掠奪し、又進んで金城を包囲して激しく攻めた
364年	夏四月、倭の大軍が侵入してきた。吐含山麓に伏兵をおき倭人の不意を打ち敗走させる
391年	(碑文) 辛卯の年、倭が海を渡って来たり、百残・加羅・新羅を破り臣民とした
393年	倭人が来て金城を五日間囲む。倭兵の帰路を遮り、独山で挟撃して大敗させた
397年	百済の阿莘王は夏五月に倭国と修好し、太子の腆支を人質として送った
399年	(碑文) 倭が百済・新羅国境に満ちていた
400年	(碑文) 高句麗は五万の兵を派遣して新羅を救わせた。新羅城には倭兵が満ちていた
402年	**春三月、倭国と通交し、未斯欣を人質として倭国に送った**
404年	(碑文) 倭が帯方に侵入してきたので、これを討って大敗させた
405年	倭兵来り、明活城を攻む (新羅)。腆支、倭国より帰り王となる (百済)
408年	倭人を対馬に伐たんとしたが中止
418年	**夏、王弟の未斯欣が倭国から逃げ戻ってきた**

注：碑文とあるのは広開土王碑文の記事

ところで、第二章で述べた平均在位年代論によれば、応神天皇は五世紀初頭に活躍した天皇であって、歴史学界で通説となっている四世紀後半の天皇という位置づけとはおよそ四十年ほどの違いが生じてくる。〝応神＝四世紀後半説〟は、『古事記』応神段に百済の肖古王が馬を献上したとの記事があることだけを根拠とするものであって、根拠としては非常に不確かなものである。当然、朝鮮側文献には何の記載もないし、『書紀』には馬を献上したのは阿花王であると記されている。

平均在位年代論による各天皇

の活躍時期の推定年代（56ページ**表4**参照）と、**表21**の『三国史記』の倭関係記事一覧を重ね合わせると、『三国史記』や〝広開土王碑文〟に記された事件が、どの天皇の時代のことなのかが大まかにではあるが推定できる。

すなわち、〝倭〟と朝鮮半島（主に新羅・高句麗）が極めて厳しい緊張関係にあった三九〇年から四〇〇年頃とは、神功皇后・応神天皇ではなく、まさに成務天皇・仲哀天皇の時代であったと理解できる。

しかし『記・紀』の景行・成務・仲哀の段においては、朝鮮半島に触れる記事はまったく見られない。それに反して熊襲征伐のことは執拗に登場する。おそらく、ここには『記・紀』編者の思惑があったと言えるのではないだろうか。

仲哀天皇が宮を大和ではなく穴門の豊浦宮や築紫の橿日宮に置いたことや、成務天皇が敦賀に出やすい（つまり九州に行きやすい）志賀の穴穂に宮を置いたことは、熊襲征伐が主目的ではなくて朝鮮への出兵のためであったとするならば、『三国史記』や広開土王碑文などの朝鮮側資料と仲哀天皇が九州に出ずっぱりであったことなどの『記・紀』の記述すべてが、極めて整合性が取れるものになる。

第七章　仲哀天皇と神功皇后の謎

1.『日本書紀』編者の年代工作を発見！

現在、歴史学界では応神天皇は確実に存在した天皇とされている。そして『古事記』『日本書紀』では、応神天皇の父親は仲哀天皇、母親は神功皇后とされている。

ところが学界では、確実に実在する応神の父親も母親も実在は疑わしい、創作された天皇であり皇后である、というのが一般的な理解となっている。親は実在しないが子は実在するという極めて矛盾に満ちた解釈が大手を振っている。

ところが、実在していない人物がなぜ歴史書に記録されているのかという点については、一切明らかにされることはない。このことは、仲哀天皇や神功皇后だけに限るものではなく、神武天皇や欠史八代といわれる人物についても同様である。歴史書に記された人物の存在を否定するのなら、存在しなかった人物がなぜ歴史書に書き込まれたのか、その理由を明らかにする責任は当然担わなければならない。

しかし、こうした厳密さは日本の歴史学界において要求されることはないが、こうした曖昧さは歴史資料についての恣意的解釈を容易にする。自分の説に不都合な人物は実は存在していなかったというだけで、何ら問題にされることなくひとつの学説として容認される。

例えば、仲哀も神功も存在しなかったとするのなら、香坂王・忍熊王はどうなるのだろうか。これも神功・応神に敵対した人物として創作されたのだろうか。『記・紀』を解釈するに際してうまく説明できる答えが得られないときに、この人物は実在しておらず創作されたのだということにすれば、それで問題点が解消されるとする考え方は極めて安易な姿勢ではないか。一部分だけでなく全体の整合性をも考慮に入れなければ、歴史の真実にはとても近寄ることはできないものと考える。

仲哀・神功・応神紀においては、極めて異常な記述が多いように思う。仲哀天皇が神託に従うどころか、むしろ疑ったことにより祟《たた》りを受けたかのように崩御したという記述があったり、何よりも「神功皇后摂政紀」として巻九が立てられていることである。そこには仲哀を貶め、神功皇后を称えるという姿勢が如実に表れている。『日本古典文学大系・日本書紀』の補注８－一において、仲哀・神功紀について井上光貞がこのように分析している。

「書紀の仲哀・神功紀は、これを史料的にみると、性質・由来・実年代も異なる諸資料からなっていることが分かる。即ち両紀は、元来絶対年代をともなわなかった『新羅征討物語』（史料ａ）や各地の神功皇后伝説（史料ｂ）を中心として、いわゆる朝鮮経営の起源をえがき、三世紀中葉の対中国関係を記録した『魏志』や『晋起居注』（史料ｄ）によって治世年代を定め、四世紀後半の史実にもとづく『百済記』の記載（ｃ）、四世紀末・五世紀はじめの新羅英傑の物語（史料ｅ）などを以ておもに神功皇太后治下の日鮮交渉を描いたのである。（中略）歴史の事実を知ろうとするのにはこれをまずそれぞれの要素に分解し、それぞれについて検討を進めることが必要である」

しかし、それぞれの要素に分解したところで歴史の事実が分かるはずがない。この井上の分析には実年代の意識がまったく欠けている。（史料ｄ）は明らかに年代が異なるので排除してもよいものの、実年代が判明する（史料ｃ）や（史料ｅ）と（史料ａ）を含む仲哀・神功・応神紀の記事については、分解するのではなくむしろつなぎ合わせるという比較・統合する作業が必要である。

ちなみに、井上をはじめとする歴史学者は、成務や日本武尊の実在性には疑問を投げかけるものの、各天皇紀に記載された記事はその天皇の時代の記事だとの先入観に捉われている。例えば第二章で述べたように、応神天皇の年代について津田左右吉は、応神天皇が百済の肖古王と同時代の人であるとの『古事記』の記述を根拠に、応神天皇の時代は四世紀の後半から末であるとしている。また井上光貞も『古事記』の「応神天皇の時に百済の肖古王が馬二頭を奉った」との記述を根拠に、「応神天皇は四世紀末の人とみてよい」としている。

この肖古王が馬を応神天皇に奉ったとする記事は『古事記』にしかない。『日本書紀』では応神に馬を奉ったのは次項の**表22**の③にあるように阿花王の時であるとしている。津田も井上も『日本書紀』の記述は十分に知っていたに違いない。それにもかかわらず『日本書紀』を無視して『古事記』の記述だけを根拠に応神天皇の時代を断定したのだろうか。

しかもこの応神天皇についての紀年は、津田にとっても井上にとっても歴史学者としての自己の年代観の中核となるほどの重要なことであった。井上はこの応神の年代から崇神の年代を算出している。津田にとっても井上にとっても、このことはそれぞれの学説の重要な部分を占めているところだ。それを綿密な検証をすることなく断定してしまう、不思議でならない。これは、恐らく実年代意識の希薄さからくるもので、学界の通説あるいは雰囲気が先入観となって検証を妨げたものではないかと考えられる。

日本の古代伝承には紀年がなかった。しかし中国の史書は紀年が明確であり、百済や新羅の史書にも紀年が記載されていた。百済や新羅の史書の紀年は一部不正確なものもあるようだが、中国の史書と関連づけされている部分も多く、全体的には信憑性が高いと言われている。

そこで『書紀』の編者は『百済記』や『新羅本紀』などを参考にして日本の伝承の紀年を想定した。ただ、日本の紀年を組み立てるに際してはさまざまな工作を行っている。有名なものには、神功皇后を邪馬台国の卑弥呼に該当させるため、干支を二回り（一二〇年）時代を古くしていることがある。それ以外にも、実は歴史の実相を大きく歪《ゆが》めている『書紀』編者の工作がある。第二章で述べた古代の年代論と重ねて考えると、これまで考えられたこともない歴史の真実が浮かび上がってくる。

まずここで確認しておきたいことは、第二章の平均在位年代論において示したように、仲哀は四〇三年頃、応神は四一三年頃、従って神功皇后は四〇五年から四一五年頃に活躍した人だということである。

次項に掲げる**表22**の①②③は、『日本書紀』の崇神紀から応神紀における対百済、対新羅関連の記事に、『百済記』及び『三国史記』の紀年を当てはめた表である。**表22**から理解できる第一の点は、対百済及び対新羅の軍事行動とそれに関連する記事は、すべて神功皇后紀と応神紀にまとめられており、仲哀紀、成務紀、景行紀、垂仁紀には一切出てこないということである。

例えば第六章の**表21**では、四世紀の半ばから倭兵による半島への侵略が記録されている。また**表22**の崇神紀、垂仁紀には朝鮮半島との交流が記されている。ところが、景行紀以降仲哀紀までの間は、半島への軍事行動どころか人の交流さえも何ら記録されていない。なぜなのだろうか。

第二の点は、後の時代の出来事が神功皇后の摂政前紀（仲哀九年）と摂政五年の記事として、神功紀の冒頭に挿入されていることである。『三国史記』によれば、摂政前紀の記事は西暦四〇二年のこととされており、摂政五年の記事は西暦四一八年の出来事となっている。本来なら応神紀八年（西暦三九七年）や応神紀十六年（西暦四〇五年）より後の時代の出来事が、神功紀の冒頭に、神功紀四十六年（西暦三六六年）の記事よりも前の時代のこととして置かれている。これは極めて大胆な編集、年代工作であるといえる。神功紀・応神紀の記事は実年代の順番には並べられていないのである。

例えば**表22**①の神功皇后紀四十六年の斯摩宿禰の記事は、『百済記』の三六六年の記事に相当する。この記事によれば、神功皇后は四世紀半ば過ぎの三六六年にはすでに皇后の地位に就いていたことになる。

以下、神功皇后を『魏志倭人伝』の倭の女王に比定するための**表22**②の神功紀六十六年と、皇太后の崩御記事である神功紀六十九年を除外してみると、神功紀四十六年から応神紀八年まで、『百済記』の紀年どおりに推移した記事となっている。ところが神功摂政前紀及び神功紀の冒頭の部分には、『三国史記』の紀年では四〇二年という、本来なら応神紀八年（『百済記』三九七年）のあとに続く記事が置かれている。

同じように『三国史記』では四一八年と五世紀に入ってからの記事が、上記の神功摂政前紀の記事と香坂王・忍熊王の謀反の記事に続いて、神功皇后紀五年というほぼ冒頭に近いところに記載され、神功紀四十六年（『百済記』三六六年）よりも前の時代のことになって、実年代よりもほぼ半世紀前の出来事とされている。

これは明らかに『書紀』編者による年代工作といえるものである。なぜこのような工作、年代の置き換えが行われたのだろうか。

2．新羅や朝鮮半島への進出はすべて神功皇后の功績とされた

平均在位年代論によれば、神功皇后は四〇〇年から四一〇年頃に活躍した人であり、応神天皇は四一三年を中心にその前後十年くらいの幅で活躍した人だと考えることができる。神功皇后紀の冒頭部分に新羅攻め、いわゆる三韓征伐の記事が置かれていることは、四世紀後半から五世紀初頭にかけての朝鮮半島への軍事行動は、神功皇后が朝鮮半島まで行ったかどうかは別として、まさに神功皇后の陣頭指揮のもとに行われた戦いであったと『日本書紀』の編者が考えていたことが分かる。

従って朝鮮半島への進出記事は、すべて神功皇后紀と応神紀の中に収められることになった。

表22① 『日本書紀』における朝鮮関連記事の紀年…主に百済記の紀年との比較…

書紀の紀年	書紀の記事	百済記等の紀年
崇神紀 65年	任那国、蘇那曷叱知　朝貢	
垂仁紀 2年	蘇那曷叱知への賜り物を新羅人が盗む ・崇神朝に来帰した都怒我阿羅斯等が任那へ帰る	
垂仁紀 3年	新羅王子　天日槍　来帰	
神功摂政前紀（仲哀9年）	神功皇后の新羅攻め（冬10月の3日に和珥津より発つ） ・新羅王波沙寐錦（宇流助富利智干）怖じ戦慄きて為す術なし ・新羅王、微叱己知波珍干岐（奈勿王の子の未斯欣）を人質として差し出す	402年 （三国史記） 新羅本紀に 対応記事あり
神功紀 5年	新羅王、汗礼斯伐・毛麻利叱智・富羅母智等を派遣して朝貢する 先の人質微叱許智伐旱を取り返すとの心あり ・葛城襲津彦を副えて遣わす、対馬にて微叱許智は襲津彦を欺き新羅へ逃げる ・襲津彦は三人の使いを焼き殺し、新羅に至って草羅城を陥れて帰還した	418年 （三国史記） 訥祇王2年条に 対応記事あり
神功紀 46年	斯摩宿禰を卓淳国に遣わす　斯摩宿禰は従者の爾波移と卓淳の人過古を百済国に派遣	366年
神功紀 47年	百済　久氐、弥州流、莫古を遣わして朝貢 ・新羅も同時期に朝貢（新羅が百済の朝貢の品を奪う） 千熊長彦を新羅に派遣（百済記には職麻那那加比跪とある）	367年 （近肖古王22年）
神功紀 49年	荒田別、鹿我別を将軍として新羅を攻めようとした ・さらに木羅斤資、沙沙奴跪を遣わして新羅を撃ち破る ・七カ国平定と済州島を百済に譲る	369年 （紀の干支二運下げ）

表22②『日本書紀』における朝鮮関連記事の紀年…主に百済記の紀年との比較…

書紀の紀年	書紀の記事	百済記等の紀年
神功紀 51年	千熊長彦を久氏等に副えて百済国に遣わす	
神功紀 52年	久氏等、千熊長彦に従って来朝 ・七枝刀一口、七子鏡一面と種々の重宝を献上	372年 （近肖古王27年）
神功紀 55年	百済の肖古王　死す	375年
神功紀 56年	百済　貴須王立つ	376年
神功紀 62年	新羅朝貢せず　襲津彦を遣わして新羅を撃つ ・百済記は、沙至比跪を遣わして新羅を討たせようとしたが、沙至比跪は新羅の美女に惑わされ反対に加羅を討つ、とする	382年 （壬午の年）
神功紀 64年	百済　貴須王死す　枕流王立つ	384年
神功紀 65年	百済　枕流王死す　辰斯王立つ	385年
神功紀 66年	是年、晋の武帝の泰初二年、起居注に「泰初二年十月に倭の女王、訳を重ねて貢献せしむ」という	（386年）
神功紀 69年	皇太后　稚桜宮に崩ります	（389年）

表22　③　『日本書紀』における朝鮮関連記事の紀年…主に百済記の紀年との比較…

書紀の紀年	書紀の記事	百済記等の紀年
応神紀　3年	百済、辰斯王を殺して謝う　紀角宿禰等、阿花を立てて王とする ・辰斯王は日本に失礼し、紀角宿禰、羽田矢代宿禰、石川宿禰、木菟宿禰を遣わして叱責する	392年 （三国史記） 記事の年が一致
応神紀　7年	高麗人、百済人、任那人、新羅人がそろって来朝	396年
応神紀　8年	阿花王、倭国に无礼し、枕弥多礼と東韓の地を奪わる 王子直支を人質として差し出す	397年 （阿花王６年） 百済本紀に記事有
応神紀　14年	弓月君、百済より来帰、人夫120県は新羅人の妨害で加羅に留る ・葛城襲津彦を遣わして弓月の人夫を加羅から召そうとしたが、襲津彦は３年経っても帰還せず	（403年）
応神紀　15年	百済王（阿花王）、阿直支を派遣して良馬二匹を献上 上毛野君が祖荒田別・巫別を百済に遣わして王仁を召した ・王仁は応神16年２月に来朝	404年 （紀の紀年を訂正すると）
応神紀　16年	百済の阿花王死す、人質の直支を百済に帰す 平群木菟宿禰、的戸田宿禰に精兵を授けて加羅に派遣 ・新羅を撃って弓月の人夫を率いて襲津彦とともに帰る	405年
応神紀　20年	倭漢直が祖阿知使主、子の都加使主　党類17県を率いて来帰	（409年）
応神紀　25年 （甲寅）	百済の直支王死す　子の久爾辛が王となる ・木満致が国政を執る	420年（百済本紀） （紀換算414年）
応神紀　37年	阿知使主、都加使主を呉に遣わして縫工女を求めしむ	413年 or 421年 （紀換算426年）
応神紀　39年	百済の直支王、その妹新斉都媛を朝廷に仕えさせた	428年 百済本紀に記事有

一方で、高句麗の広開土王碑文によれば、倭国の大軍が半島へ進出したのは、三九一年（辛卯）、四〇〇年（庚子）、四〇四年（庚申）と記されている。高句麗とは無関係であった半島出兵もあったのかもしれないが、大規模な出兵の場合は高句麗との戦いになったと思われる。

「辛卯の年、倭は海を渡って百残、□□、新羅を臣民として」と広開土王碑文でよく知られているのは三九一年の出来事である。従来、三九一年の出来事は神功皇后の新羅攻めのことであるとの認識が広がっていたように思う。だが、この三九一年の記事に相当するものは『書紀』には見られない。だとすれば、三九一年の出兵の指揮を執ったのは誰か、どの天皇かという疑問が出てくるのは当然のことである。

表22①を見ると、朝鮮半島との関わりは三六六年の斯摩宿禰を任那の卓淳《とくじゅん》国に派遣したことから始まる。三六六年とは、平均在位年代論では崇神天皇が活躍した時代である。崇神・垂仁の時代には、蘇那曷叱知《そなかしち》とか天日槍《あめのひぼこ》とか半島との往来はかなり活発になっていた。

注：もっとも天日槍の垂仁朝への来帰は、四世の子孫である田道間守《たじまもり》が垂仁天皇に仕えているので年代が合わず、実際にはもっと前の時代に来帰したものと思われる。

神功紀四十六年の三六六年から応神紀八年の三九七年までの記事は、各天皇の活躍した年代を考慮すれば神功皇后以前の、崇神から仲哀に至る時代の出来事であったと考えるのが最も自然な推定となる。『日本書紀』の編者は神功皇后の業績を高めるために、本来なら崇神から仲哀天皇の事績であったことを、すべて神功皇后一人の業績とするように歴史の書き換えを行った可能性が大きいと判断できる。

ただ、七世紀末から八世紀初頭の『書紀』の編者にとって、歴史を歪めてまで神功皇后の業績を飾る動機は見つけられない。従って、応神から雄略に至る応神皇統の中で実際の歴史の書き換えが行われたものと考えたほうが、より自然な推定といえるのではないだろうか。応神天皇の時代には王仁が来朝しているので文字で記録することもすでに始まっており、実際には歴史の書き換えというよりは、歴史的事実とは異なる歴史の記録が残されたものと考えられる。

基軸のなかった日本の歴史学界に、平均在位年代論という確実性の高い物差しの構築という画期的業績を挙げた安本美典氏であるが、その年代論をさらに推し進めて『記・紀』の文字数に比例した各天皇の年代を推定し始めたことは、あまりにも『記・紀』を信用し過ぎの姿勢と言わざるを得ない。なぜなら、成務天皇の実在性否定の大きな論拠として記述された事績が少ないことが挙げられているが、朝鮮半島関連の記事が、本来成務天皇の時代に起こったことも神功皇后の時代のこととして移されている可能性が極めて高いからである。

『記・紀』編纂の頃には、事実とは異なる記録が、ある程度の権威づけを行われた上で残されていたと考える必要がある。それをそのまま『記・紀』編者が受け継いで、現在の『記・紀』の姿になったのではないだろうか。神功皇后の業績を実際よりは大きく飾る必要性は、『記・紀』の編者ではなく応神皇統にこそあったと考えるべきだ。

『古事記』『日本書紀』における仲哀天皇の記述はかなり異常である。歴代の天皇の一人としての尊敬の念がまったく見られない内容である。神功皇后にとっては自分の夫である仲哀天皇が、なぜこれほどまでに悪しざまに記述されたのかは大きな疑問であったが、神功皇后の偉大さを表現するためには仲哀天皇を貶める必要があったということなのかもしれない。

『書紀』によれば、仲哀天皇は朝鮮半島にまったく興味を示さない天皇であったとされている。ところが、仲哀天皇が活躍していたと考えられる四〇〇年前後には、百済の阿花王が倭に非礼を行い、倭国に攻められて王子の直支《とき》を人質に差し出したという『百済記』を引用した三九七年（応神紀八年）の記事がある。この記事は年代から見て、本来なら仲哀天皇紀に入るべきではなかったのかという疑問が出てくる。

　景行紀と仲哀紀には熊襲征伐が頻繁に語られている。仲哀にいたっては、宮も角鹿《つぬが》の笥《け》飯宮《ひのみや》、穴門の豊浦宮《とゆらのみや》、儺県《なのあがた》の橿日宮《かしひのみや》であって、ほとんどが西国での活躍の内容となっている。景行の征西は『古事記』にはなくて『書紀』だけの記事であるためその信憑性が疑われているが、『豊後風土記』『肥前風土記』『西海道風土記逸文』においても景行天皇行幸に関する説話の記述が多くあり、事実であった可能性のほうが高い。

だが、景行や仲哀の征西は熊襲征討だけが目的であったのだろうか。『書紀』では神功紀六十二年の葛城襲津彦《かつらぎのそつひこ》による新羅攻撃（三八二年）、応神紀三年の百済辰斯王《しんしおう》の叱責（三九二年）、応神紀八年（三九七年）の百済への攻撃と王子直支の人質受け入れの記述など、景行、成務、仲哀が活躍していたと考えられる時代に、朝鮮への軍事行動が積極的に行われたと記述されている。

これらの出来事は、本当にすべて神功皇后や応神天皇の時代の出来事なのだろうか、大いに疑問がある。仮にすべて神功皇后の時代の事跡であったのなら、『日本書紀』の記事の入れ替えを行う必要はないはずだ。『百済記』や『三国史記』の紀年に沿って、実際の年代の順に並べるのが普通ではないのだろうか。

四〇二年（神功摂政前紀）の神功皇后の新羅攻めの記事が、神功皇后紀の冒頭に置かれたということは、四〇二年以降が神功皇后の本来の事績であり、それ以前の三六四年（神功皇后紀四十六年）から三九七年（応神紀八年）までの事績は、崇神天皇から仲哀天皇までの時代の出来事と考えたほうが自然な歴史の流れといえる。例えば、垂仁紀での田道間守の常世国行きは、実際は朝鮮半島行きであったと考えると十分に整合性が取れる物語である。

四世紀後半から五世紀初頭についての『書紀』の記述の編集部分を整理し直すと、歴史の実相がより鮮明になってくる。このように理解すれば、なぜ成務天皇の事績が極めて少ししか記述されていなかったのかということや、仲哀天皇が朝鮮半島にまったく興味を示さなかったかのように記述されていることについても納得できるようになる。

本来、成務天皇紀には広開土王碑文三九一年の事跡に相対する記事や、三九二年（応神紀三年）の百済王叱責の記事が盛り込まれているはずであった。しかし、それらはすべて神功皇后の時代に置き換えられたため、成務天皇の段の記事量は非常に少なくなったものと考えるべきである。

また仲哀天皇が朝鮮半島に興味を示さなかったのは、半島関連の記事をすべて神功皇后の時代に持って行くために、仲哀天皇は朝鮮半島とは関わりのない天皇、朝鮮半島にまったく関心のなかった天皇であったとするための編集であったと理解できる。そして神功皇后の偉大さを表すために、その反動として仲哀天皇はあそこまで悪しざまに記録に残されたと考えるべきではないだろうか。

しかしながら、このような『日本書紀』の年代工作を目の当たりにすると、なぜ歴史学者は気づかなかったのかと不思議に思う。津田左右吉にしても井上光貞にしても、『古事記』にしか記述のない「応神天皇が肖古王から馬を奉られた」ことを、なぜ簡単に信じてしまったのだろうか。少なくとも『日本書紀』と比較すればすぐに分かることだ。『日本書紀』の年代工作が判明した以上、「応神天皇は百済肖古王の時代の人である」という年代観はまったくの間違いであることが明らかにされた。このことは『記・紀』における神功皇后についての記述についても、その年代は極めて不正確だと判断されることにつながり、時代の転換点である仲哀、神功、応神の時代の再検証が必要になると考えられる。

3．神功皇后は実在したか？

戦後の歴史学会においては、『記・紀』に登場する人物のうち、かなり多くの人が実在性を否定されている。神武天皇、欠史八代の各天皇、成務天皇、倭健命、仲哀天皇、神功皇后と、天皇やそれに準ずる人だけでも十三名もの人が実在を否定されている。

本来、実在性を否定するのならば、なぜその話を創作したのかという明確な根拠を示すべきである。実在を疑うのなら、その際にはなぜ実在しない人間を歴史の中に盛り込んだのかという理由も明らかにしなくてはならない。

しかし、実在の否定は簡単に行われるが、実在しない人をなぜ創作したのかという根拠については、一度たりとも聞いたことも見たこともない。一方で創作したと断定しながら、その一方で創作の必然性、必要性については明らかにすることがないのは、極めて非論理的な対応ではないだろうか。

『日本古典文学大系・日本書紀　上』の補注欄7－一には、

「成務天皇はその事績においても景行天皇の地方平定事業を受けて国造、県主を設置

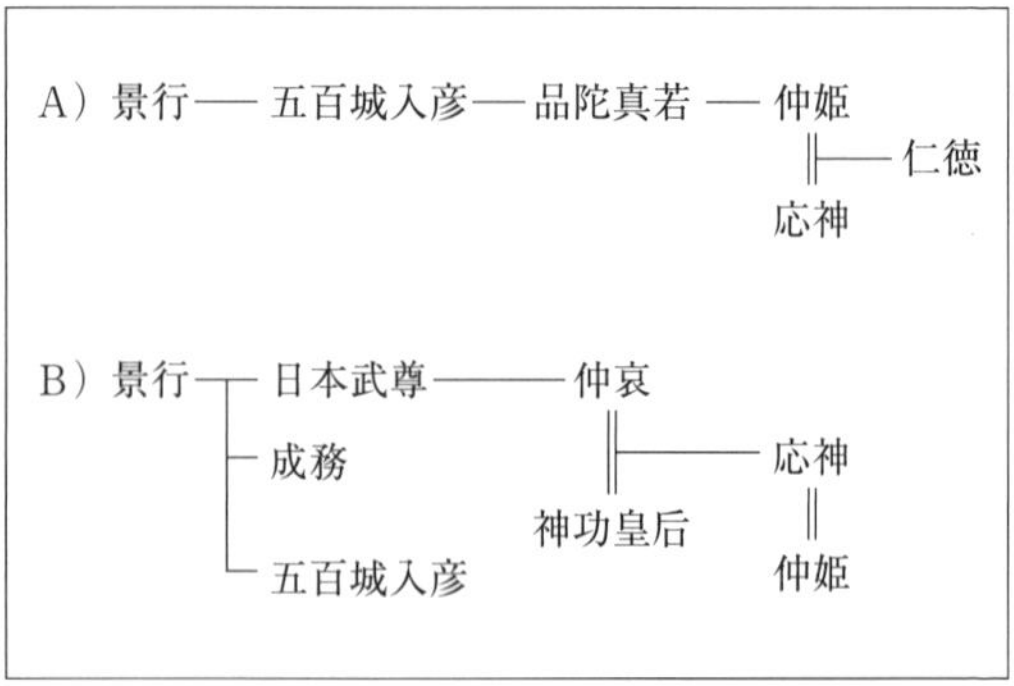

系図4　景行から応神までの系図
『日本古典文学大系・日本書紀 上』補注7－1より

したと伝えられるなど、景行天皇と密接な関係があり、しかも景行紀の記載が詳細かつ具体的であるのに対し、成務紀の記載は著しく簡略かつ抽象的である。このようなことからみて、成務天皇は景行天皇の分身として、後に歴代に加えられた疑いが強く、その実在性は景行天皇に対し一層乏しい」

とか、

「井上光貞は、景行天皇以後の本来の帝紀の系譜は、**系図4**におけるA)という形で応神・仁徳朝に連なるものであったが後に日本武尊、神功皇后の説話がこれに取り入れられ、父子一系の皇統とするために、B)のように成務・仲哀の両天皇が設定され、歴代に加えられたものとして、この間の事情を推測している」

とある。

まず補注の前段については、成務が景行の分身であるとしているが、なぜわざわざ分身を作る必要があったのだろうか。景行の在位年数が異常に長く、二人に分ける必要があったとでもいうのであろうか（ちなみに『書紀』では景行、成務ともに在位年数は六十年となっている）。補注欄記述者はそれを具体的に説明してこそ、初めて成務の実在否定が論証の対象になるのではないのか。

また、井上光貞の推測についていえば、なぜ成務と仲哀の二人を設定する必要があったのか。そもそも机上で系図を作成するのなら、わざわざ応神を入り婿の形にしなくてもよいではないのか。品陀真若《ほんだまわか》の子ということにすれば何の違和感もなかったはずだ。

また、応神が戦った相手である香坂王・忍熊王が、本来の系譜とするA）のどこに位置づけられるのか（仲哀を否定しても香坂王・忍熊王の否定はできない）、この点についても説明がない限り論証の対象にはならない。論証の対象にならないということは真偽の見きわめができないということで、単なる思いつき、感想のレベルに留まっているといえる。あるものをないと否定するからには、なかったものがなぜあることにされたのかの説明が必要である。

『記・紀』の神功・応神朝の記述には異常な点が多い。それは神功・応神政権の成立自体が異常な方法、つまり謀反・反乱によって成立したからである。神功・応神は本来の正統な後継者である香坂王・忍熊王を戦いで倒して大王位に就いた。そのため神功・応神は戦いで大王位を奪い取ったのではなく、もともと正当な大王位継承者であったことを強く訴える必要があったものと思われる。

逆にいうと『書紀』では、仲哀が死んだのが二月六日、応神が生まれたのが十二月十四日で、仲哀の死後、十月八日《とつきようか》で応神が生まれたことになっており、応神が仲哀の子であったかどうかが非常に疑わしく記述されている。しかし、少なくとも仲哀の子であるということにしなければ、いくら戦いに勝ったとはいえ大王位に就くことは難しかったのではないのだろうか。古代とはいえ王族でない者が大王位に就くことは不可能であったはずだ。『記・紀』は神功皇后の血統、業績を高めねばならなかった。いくら戦いで大王位を勝ち取ったとしても、その出自は畿内の豪族たちを納得させ得るものではなかったに違いない。

歴史学者に聞けば、神功皇后の話は作り話で神功皇后は実在しなかったと大部分の人が言う。しかし、すでに記録が始まっていた時代に、皇后という歴史上の人物を創作することができるのだろうか。神功皇后の諡号である「息長帯比売（オキナガタラシヒメ）」とは、息長氏の娘で天下を治めた比売という極めて具体的な名前である。朝鮮側の史料には倭の女王が攻めてきたという記述はないので、新羅まで行ったとは考えられないが、少なくとも九州において朝鮮攻めの指揮を執っていたことは間違いないことだと考えられる。

神功摂政前紀（仲哀九年）の神功皇后の新羅攻めの記事は、「冬、十月の己亥《きがい》の朔《つきたち》にして辛丑《しんちゅう》に和珥津《わにつ》（対馬の北端）より発ちたまふ」からスタートしている。『三国史記』の新羅実聖王七年（四〇八年）の記事に、「王聞倭人於対馬島置営、貯以兵革資糧」とあって、『書紀』の記事を的確に裏付けている。

『古事記』の開化天皇の段には、日子坐王の系譜が詳細に記されている。不思議なことに開化天皇の辺りでは天皇の子は皆「〇〇の命」と記されているのに対し、日子坐王の系統だけは「〇〇王」と記されている。そして日子坐王の子である大筒木真若王の曾孫が息長帯比売、すなわち神功皇后と記されている。『古事記』の開化天皇の段のかなりのスペースを取って記載されている日子坐王の系譜は、神功皇后の出自を明らかにするための系譜であるとされている。

神功皇后の血統が明らかにされても、応神の後継者としての地位はそれほど高くなるものではない。ライバルの香坂王・忍熊王は第六章の**系図3**にあるように、父親が仲哀天皇で母親は景行天皇の孫になる大中比売である。血統ではとても問題にならない。

そこで神功皇后の業績を高める必要が出てくる。神功皇后にはどうしても他の人を大きく凌駕《りょうが》する業績が必要であった。それが実際の歴史を書き換えてまでも、朝鮮半島への進出はすべて神功皇后、応神天皇の業績という形にされたものと考えられる。

逆にいうと、歴史の事実を歪めてまで神功皇后の業績が記録されたことこそが、神功皇后の実在を物語るものではないのだろうか。最初から創作した人物の業績を必要以上に飾る必要などまったくないはずである。

『日本書紀』の推古天皇二十八年（西暦六二〇年）の条に、「是歳に、天皇記と国記、臣・連・伴造・国造・百八十部、併せて公民等の本記を録す」とある。推古朝の頃にはすでに日本にも紙が入ってきているので、恐らく天皇記や国記が何らかの形にまとめられていたに違いない。

一方、応神天皇の時には王仁により文字が持ち込まれている。当然、政治の出来事を文字で記すということが定着して、それまで伝承されていた歴史上の出来事も記録されたに違いない。それは応神の時かあるいは仁徳の時か、いつの時代であるかは詳細には分からないが、応神皇統のいずれかの時点で記録されるようになったであろう。だからこそ、宋朝への倭王武の上表文も書くことができたといえる。

4. 年代を語らずに歴史の真相には迫れない!

ここまで検討してきたように、神功皇后、応神天皇を正当化するため、神功・応神を類まれな皇后・大王として記録するために、いろいろな点で歴史が工作されたことが明らかになった。

しかし、『書紀』の神功皇后の紀年の矛盾にはどの歴史学者も疑問を持つことはなかった。ただ津田左右吉だけは『古事記及び日本書紀の研究』の中で、

「『日本書紀』には神功紀にすでに百済の貴須《くゐす》、枕流《とむる》、辰斯《しんし》らの諸王のことが見えているが、これは応神紀の前に神功紀を立て、また紀年を前のほうに引き延ばしたために生じた混雑であろう」

と述べている。

おかしいと不審には思ったが、それ以上は何の疑問も持つことなく「混雑であろう」と素通りしてしまう。いくら優秀な歴史学者であっても、年代観が曖昧であっては、歴史に

対する洞察力も低下するというまさに好事例である。

これまで『記・紀』に登場する人物の非実在を論ずる書は多くあった。しかし、『日本書紀』の年代が工作されていたという検証が行われたことはなかったように思う。これまで歴史学者がこうした見方ができなかったのは、歴史の基軸である「年代」が真剣に考察されてこなかったことによるものと考える。

平均在位年代論が登場し、年代という歴史の基軸が明確に構築されたからこそ、『書紀』の記述の年代工作を明らかにすることができたともいえる。改めて歴史を考える際には常に年代を意識しながら洞察するという姿勢が必要だと思い知らされる。

5．王権はどう引き継がれたか

　応神天皇は神功皇后の力によって、香坂王・忍熊王を倒して大王位に就いたわけであるが、これまではそのことの持つ意味が十分に検証されてこなかったように思う。成務とか仲哀天皇の実在が否定されている以上、仲哀からの王権の引き継ぎの内容など検討するまでもないという考えなのかもしれない。

　どうもこれまでの歴史学者の方々は、天皇非実在説を隠れみのにして古代史の真相を究めようとする意識が低かったのではないかと疑わざるを得ない。仮に成務と仲哀の実在が否定されていても、崇神天皇や垂仁天皇の実在は確かなようだとの説が多数を占めていたはずだ。崇神皇統から応神皇統への王権の引き継ぎはどうであったのかは、一つの課題として存在したはずである。

　筆者はつい最近まで、仲哀以前と応神以後での大和王権内での豪族に大きな変化は見られないので、大きな戦いを挟んではあるが、神功・応神へとかなりスムーズに王権を引き継いでいたのだろうと考えていた。だが、それが本当にスムーズな移行であったのか、まずこの点についての分析を行いたいと思う。

表23は、第六章の**表18**に続く表で、『日本書紀』の各天皇の段における登場人物をまとめたものである。

もし、応神が九州から大和へ侵略してきた征服王朝であったとしたなら、当然、天皇のもとで活躍した人々の顔ぶれは、それ以前の天皇のもとで活躍した人々とは大きく変化しているはずである。征服王朝はいわば革命王朝であるので、天皇の〈部下〉となる人々の顔ぶれは、がらっと変わっていなければならない。

反対に、大和王権内での勢力争いというレベルであるならば、王権で活躍する人に大きな変化はないことが想定される。この表の作成の主旨はそこにある。

表23を見ると、神功紀三十九年以降（i）は、『百済記』の紀年に置き換えると、三六六年から三六九年

・倭国の菟田の人 伊賀彦	・穴門直践立 g
・大三輪の大友主君 b	・大伴の武以連
・中臣の烏賊津使主 f ・磯鹿海人名草	・穴門直の祖　践立 f ・津守連の祖 田裳見宿禰
・武内宿禰 c e f g i j ・紀直の祖　豊耳 ・葛城襲津彦 j i	
・武内宿禰 c e f g h j ・鹿我別 369 ・沙至比跪	
・桜井田部連　男鉏	
・（蘇我）石川宿禰 392	
・甘美内宿禰 ・菟道稚郎子 ・上毛野君の祖　巫別 404 ・倭漢直の祖　阿知使主 413 ・上道臣の祖　仲彦	・壱伎直の祖　真根子 ・諸県君牛諸井 ・大鷦鷯尊（仁徳天皇） ・都加使主 413 ・三野臣の祖　弟彦

済記』の紀年に置き換えた年数

表23 『日本書紀』の主な登場人物…王族は除く…

仲哀紀 f	系譜	・彦人大兄皇子	・来熊田造の祖　大酒主
	他	〈・蘆髪蒲見別王〉 ・伊覩県主の祖　五十迹手	・岡県主の祖　熊鰐
	仲哀死後	・武内宿禰ｃｅｇｈｉｊ ・物部の胆咋連	・中臣の烏賊津連ｇ
神功皇后紀	摂政前紀ｇ	・息長宿禰王 ・吉備臣の祖　鴨別 ・依網吾彦男垂見	・武内宿禰ｃｅｆｈｉｊ ・吾瓮海人烏麻呂
	摂政紀 h	〈・犬上君の祖　倉見別〉 ・山背根子 ・和珥臣の祖　武振熊	〈・吉師の祖 五十狭茅宿禰〉 ・海上五十狭茅 〈・葛野城首の祖 熊之凝〉
	39年以降ｉ	・斯摩宿禰　366 ・千熊長彦　367 ・沙沙奴跪　369	・爾波移 366 ・荒田別ｊ 369 ・襲津彦ｈｊ 382
応神紀 j	系譜イ	・和珥臣の祖　日触使主	・河派仲彦
	392年ロ	・紀角宿禰　392 ・（平群）木菟宿禰　392 405	・羽田矢代宿禰 392
	他ハ	・安曇連の祖　大浜宿禰 ・葛城襲津彦ｈｉ ・王仁 ・平群の木菟宿禰 ・吉備臣の祖　御友別	・武内宿禰ｃｅｆｇｈｉ ・阿直支 ・上毛野君の祖 荒田別ｉ404 ・的戸田宿禰 405 ・下道臣の祖　稲速別

注）登場人物欄の半角英記号は他に登場している紀を表す　数字は『百
神功皇后摂政前紀の〈　〉内は香坂王・忍熊王に与した人物

に登場する人物ばかりで、本来ならば崇神紀・垂仁紀に登場してくるはずであったと理解できる。また応神紀（j）の（イ）は応神の系譜の中に登場する人物で、（ロ）は『百済記』の紀年に置き換えると、すべて三九二年の記事に登場する人物であって、これも本来ならば、成務紀・仲哀紀に登場する人と考えるべきである。

従って、正味の応神紀に活躍した人となると、応神紀（j）の（ハ）に記載された人々ということになる。

こうした点を踏まえて、仲哀紀から神功摂政前紀、神功摂政紀、そして応神紀の推移を見てみると、応神紀（j）の（ハ）の登場人物が大きく変化していることが分かる。

応神を支えていた勢力とは、北部九州と日向の九州勢、東国の上毛野の一族、そして吉備の勢力である。垂仁紀や仲哀紀に顔を出していた中臣、三輪、物部、大伴などの大和の豪族は一切名前が出ていない。また武内宿禰の子孫とされる蘇我、平群、羽田などの大和の勢力も応神紀（ハ）にはまったく名前が出てこない。神功摂政前紀（g）、神功摂政紀（h）においては、摂津の豪族が中心であって、ここでも大和の豪族の名は出てこない。

表23から考えられることは、神功・応神政権とは、大和王権の中枢にいた大和の大豪族に対して、九州や吉備を中心とする地方（この時代に中央、地方を分ける意識があったのかは不明であるが）の豪族の反乱といってもいいのかもしれない。おそらく彼らには旧来の大和の豪族に対する強い敵意があったようで、大和の旧勢力を威圧し続けたものと考えることができる。

しかし、応神は反乱者であっても、従来の王権とはまったく関係のない「外の世界」からの侵略者とまでは断定できない。なぜなら大和の豪族は応神紀にはまったく名前が出てこないのだが、仁徳紀以降では徐々に王権の中枢に復帰している。もし応神が本当の意味での侵略者であるならば、大和の豪族はその時点で抹殺されていたはずである。

崇神紀から仲哀紀に至る間には、景行の時に一部断絶があったように思われるが、基本的には大和の豪族が一貫して王権の中枢にいたようである。それに対して、仲哀天皇と共に九州へ行って朝鮮半島での戦いを主導した神功皇后であるが、その出自の低さに対するコンプレックスが、大和の旧勢力への敵意を生み出して、応神天皇を旗頭に半島出征軍や地方の豪族を糾合した、いわば「革命勢力」といってもいい勢力を作り出したともいえる。そしてそれを受け継いだ応神の王権とは、九州・吉備・東国と幅広い地方の豪族が王権の中枢を担った政権と考えることができるのではないだろうか。

ところで、神功・応神は香坂王・忍熊王との戦いになぜ勝てたのだろうか。よく言われていることは、葛城氏と日向の豪族の支持があったからということである。奈良県葛城地方では四世紀の末頃から巨大な古墳が数多く築造されている。実際、葛城氏は仁徳天皇以降では大王家の外戚として大和王権に君臨していた。

また応神は日向《ひむかの》泉《いずみの》長媛《ながひめ》を妃とし、仁徳も諸県《もろがたの》君《きみ》牛諸井《うしもろい》の娘の髪長媛を妃とするなど、日向の豪族は大王家と密接な関係を持っていた。確かに応神皇統は九州との結び付きが強い。前述したように、西都原古墳群の男狭穂塚、女狭穂塚古墳は、それぞれ応神陵、履中陵と相似形で造られているとのことだ。

しかし、神功・応神が勝つことができた最大の要因は、吉備勢力の支持があったからこそだと筆者は考える。造山《つくりやま》古墳や作山《つくりやま》古墳など、河内大王家の古墳に匹敵する巨大古墳を築くことができたのは、吉備勢力が神功・応神に対してかなり強い立場にあったからではないのか。香坂・忍熊王との戦いの中で、吉備勢力は神功・応神方勝利の決定的な役割を担ったものと考えられる。もし吉備の加勢がなかったのなら、神功皇后の軍は戦いをすることなく無傷で紀伊の水門までたどり着くことはできなかったに違いない。

吉備の造山古墳は全長三五〇メートルで、伝仁徳天皇陵、伝応神天皇陵、伝履中天皇陵に次いで全国第四位の巨大古墳である。最近の研究ではこの四つの巨大古墳の築造の順番は、履中陵→造山古墳→応神陵→仁徳陵という順とのことである。場合によっては造山古墳のほうが履中陵よりも早いのではという研究者もいるようである。

吉備はもともと豊かな地域であるが、それにしても応神皇統の巨大古墳に並ぶ規模の古墳を造営できるほどの力をなぜ持ったのだろうか。吉備には造山古墳に続いて、全国で十番目の規模となる二八六メートルの作山古墳も築かれている。

吉備地域の古墳の状況を調べると、四世紀までは一〇〇から一五〇メートルぐらいの大規模古墳が、吉備の各地域ごとにほぼ横並びの形で造られていた。ところが五世紀になると、吉備では前方後円墳が造られなくなり、せいぜい方墳が造られる程度という状況に変わった。古墳の造営数自体も極端に少なくなった。一方で河内の王権に並ぶ造山という巨大古墳を造営し、一方で地域内の古墳造営が制限されるという状況となった。この四世紀から五世紀にかけて何があったのか、ということになる。

先に、応神を支えた勢力の中に吉備があったと述べた。四世紀から五世紀にかけて日本国内での大きな変化は、神功・応神の勢力が香坂王・忍熊王の勢力と戦って勝利したことである。筆者はこの戦いにおいて、吉備の勢力、特に後に下道氏《しもつみち》といわれる御友別《みともわけ》、稲速別《いなはやわけ》の勢力が、神功・応神側に味方して勝利したことにより、吉備が急激に大きな力を持つようになったものと考えている。

二〇〇メートルを超える古墳がなかった地域に、突然、三六〇メートルの巨大古墳が出現した。これは神功・応神勢力にとっては、吉備勢力が味方してくれたことが香坂王・忍熊王との戦における勝利の決定的な要因であったことを示している。**表23**の神功皇后摂政前紀には、吉備臣の祖鴨別《かもわけ》の名が記されている。

神功・応神の勝利に吉備の勢力が決定的な役割を担ったという分析は、これまでにはなかったように思う。しかし、造山古墳の規模の巨大さに目を向ければ、そこには何か知られざる歴史の真相が隠されているものと考えるのは自然な推定でもある。逆にいうと、神功・応神と香坂・忍熊との戦いは、四世紀末から五世紀にかけての非常に大きな歴史的な戦いであったともいえる。

残された問題は、応神天皇はどのような出自なのかという点である。

確証はないが、応神は仲哀の子でないことは確かなようである。仲哀紀、神功紀の内容から、応神天皇の父親は武内宿禰ではないかという説もある。仲哀が死んだ日から十月八日《とつきようか》後に応神が生まれたとわざわざ『日本書紀』が書き残したのは、応神の出自について後世の人に疑惑を提示するという意図があったとしか考えられない。

神功皇后の陵は佐紀盾列古墳群にある。佐紀盾列古墳群は日子坐王の勢力範囲の中にあり、そこは景行・成務・仲哀のタラシ系大王の勢力範囲でもある。日子坐王の勢力範囲とタラシ系大王の勢力範囲は重なっていたと考えられる。そして景行・成務・仲哀のタラシ系大王の勢力が造ったのが佐紀盾列古墳群であるともいえる。歴史学者の塚口義信氏が『ヤマト王権の謎をとく』の中でいうように、神功皇后が山城南部の息長氏の出身であるなら、神功もタラシ系大王勢力の一員であったといえる。当然、その子である応神天皇も佐紀盾列古墳群を造った勢力の一員であったと推測できる。

第六章1の**図18**を見ると、前期の巨大古墳分布が三輪山周辺から佐紀に遷った後には、三輪山周辺には景行陵を最後に巨大古墳は築造されていない。このことは大和の首長権が三輪山周辺から移動したことを明らかにしている。

ところが神功・応神がタラシ系大王勢力の正統な継承者であった香坂王・忍熊王に勝利して、応神皇統が河内に巨大古墳を造るようになった五世紀においても、佐紀にはウワナベ古墳・コナベ古墳・ヒシアゲ古墳などの巨大古墳（注：神功陵、成務陵、日葉酢媛陵を「佐紀盾列古墳群西群」というのに対して「佐紀盾列古墳群東群」という）が造営（**図**

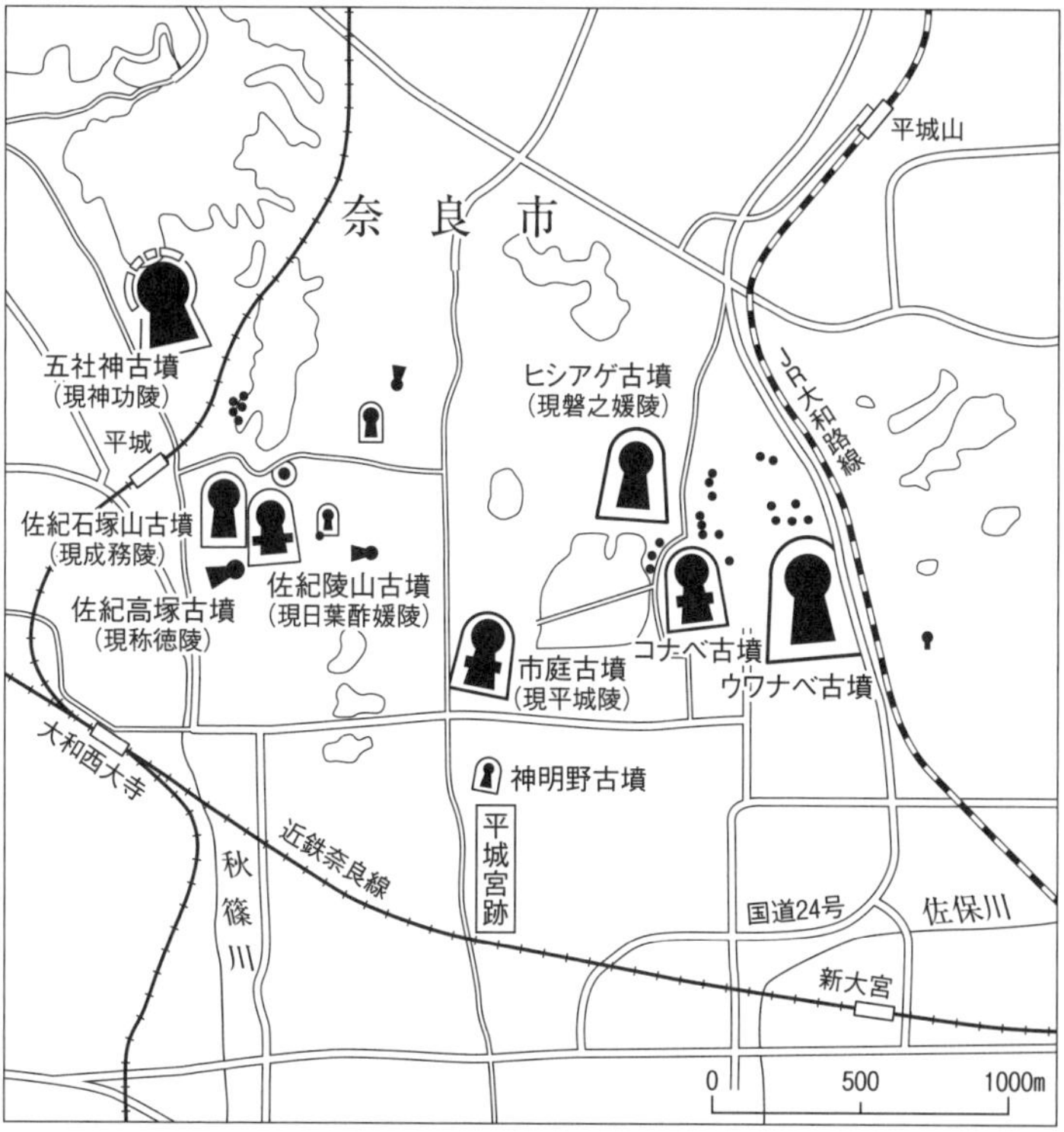

図20　佐紀盾列古墳群分布図

20）され続けている。つまり、佐紀盾列古墳群を造った勢力の力は依然、保持されていたということである。これらの点を踏まえると、香坂王・忍熊王と神功・応神との戦いは、佐紀盾列古墳群を造った勢力内での主導権争いであったといえるのかもしれない。

いずれにしても、応神の出自は依然として謎に包まれている。

神功・応神政権はそうした雰囲気の中でスタートしたが、自らの正統性の主張には非常に気を遣っていたに違いない。

そうしたことにより、五世紀になってそれまでの伝承が文字化・記録化されていく中で、神功皇后の偉大性と応神天皇の正統性が強く主張される形で『帝紀・旧辞』の本《もと》が形作られていったものと思われる。

6. 誰が神功紀の歴史を歪めたのか！

前述したように継体二十四年条には、

「磐余彦の帝《すめらみこと》。水間城の王より、皆博物の臣、明哲《めいてつ》の佐《さ》に頼《よ》りたまふ。故、道臣《みちのおみ》謀《ぼ》を陳《の》べて、神日本《かむやまと》以ちて盛《せい》に、大彦略を申《の》べて、胆瓊殖《いにえ》用《も》ちて隆《りゅう》にましましき」

とある。また推古二十八年条には、

「是の歳に、皇太子《ひつぎのみこ》・島大臣、共に議《はか》りて、天皇記《てんわうき》と国記、臣・連・伴造・国造・百《もも》八十部《やそとものを》、幷《あは》せて公民《おほみたから》等《ども》の本記を録《しる》す」

とある。

すなわち、継体天皇の時代には日本の成り立ちをまとめた「史書」があったことが推察できる。継体天皇に神武天皇や崇神天皇についての知識があればこそ、こうしたことを発言することができた。

また、推古天皇の時代には天皇記や国記、本紀が録されたと記録されている。この時代にはすでに『古事記』や『日本書紀』の本《もと》となる、いわゆる『帝紀』とか『旧辞』といわれる「歴史書」が作られていたことを示している。

だが、そこには年代が記されていなかった、つまり紀年がなかったのである。そういう中で、継体天皇からほぼ二〇〇年後、推古天皇からほぼ一〇〇年後に、『日本書紀』の編者は日本の正史をまとめ、『日本書紀』を完成させる仕事に就いていた。

『書紀』の編者がやったことは、まず種々の記録を集めて、文章や文字の修正、本文と一書との選別などさまざまな仕事があったに違いない。しかし、『帝紀』や『旧辞』にはない話、物語を〈創作〉して、例えば倭建命の話や神功皇后の物語を創作したとは、筆者はまったく考えていない。なぜなら、日本最古の物語といわれる『竹取物語』の成立は九世紀の後半から十世紀の初頭の間だと言われている。『書紀』が編纂されていた八世紀初頭の日本には「創作された物語」はまだ存在していなかった。おそらく日本人の文化レベルとして、物語を創作する能力はなかったように思う。

また、『日本書紀』の編者が『書紀』の内容の一部を創作したとするのなら、なぜ百歳を大幅に上回る天皇を何人も作ったのだろうか。もっと多くの天皇を創作して、各天皇の年齢を疑念の持たれないレベルにすることは十分に可能であったはずだ。

おそらく『日本書紀』の編者には、守らなければならないルールがあったものと思う。それは本《もと》となる記録に残されていた「王統譜」を変更することは絶対に行ってはいけないということである。『帝紀』とはまさに王統譜である。『帝紀』には紀年はなかった。だから年代は外国文献などと照らし合わせながら書紀の編者が決めた。しかし王統譜を変更することは絶対になかったはずである。もし変更されていたとしたら、『古事記』と『日本書紀』の王統譜がまったく同一ということはあり得なかったに違いない。

それでは、「神功摂政前紀」と「神功摂政紀」が実際よりも早い年代に置かれていたのは、誰の仕業であったのだろうか。

『書紀』の編者は『帝紀』や『旧辞』の記録に年代を付けるときには、『魏志倭人伝』などの中国の史書や『三国史記』『百済記』などの朝鮮の史書と綿密な比較検討を行っていた。例えば、『書紀』では神功皇后を卑弥呼に相当させたので紀年を正確に干支二回り、一二〇年遡らせている。これはいくつかの記事がすべて一二〇年遡るように正確に紀年されていることからも分かる。つまり、『書紀』の編者は外国文献との比較を通じて、四世紀後半から五世紀初頭、崇神天皇あたりから応神天皇あたりまでの実年代をある程度正確に知っていたと考えられる。実年代を知っていたからこそ、正確に干支を二回り遡らせることができたものと考えられる。

『三国史記』では四〇二年や四一八年とされる神功皇后の記事を、神功摂政紀の冒頭、『百済記』で三六四年とされる記事よりも前の時代として『書紀』に記録したのは誰なのか、これは非常に興味深い問題である。ただし、八世紀初頭の『書紀』の編者にとって、五世紀初頭の神功皇后の政治的立場に配慮する理由などはまったくない。おそらく『書紀』の編者は実年代を知っていたので、本来なら記事の順番を入れ替えるところなのだが、『帝紀』や『旧辞』の記事の順番を変えることはできなかったに違いない。

それでは、『記・紀』はなぜ神功皇后をそこまで持ち上げる必要があったのだろうか。その答えは極めて明快だ。それは応神天皇の正統性を主張するためであったとしか考えられない。

第六章で述べたように、神功・応神の血統は大中比売や香坂王・忍熊王と格段の差があった。仲哀天皇の正統な後継者とはむしろ香坂王・忍熊王であって、神功・応神は反乱を起こし、仲哀の正統な後継者とされていた香坂王・忍熊王を倒して大王位を奪った側である。しかし、戦いに勝っただけでは大王の資格には不十分である。神功・応神と景行の孫である大中比売及びその子の香坂王・忍熊王との血統の差はいかんともしがたい。

おそらく応神の出自には、当時かなり疑問が持たれていたと思われる。古代とはいえ、王族でない者が大王位に就くことは不可能であったはずだ。少なくとも仲哀の子であることにしなければ、大和の豪族たちは納得しなかっただろう。だが、仲哀の子だとしても、神功皇后（注：本当に〝皇后〟だったのか？）を偉大な人間としない限り、香坂王・忍熊王との格差を埋めることは不可能であった。

『古事記』には、「『凡《おほよ》そ、この国は汝命《ながみこと》（神功のこと）の御腹に坐す御子の知らさむ国ぞ』と底箇男《そこつつのお》・中箇男・上《うわ》箇男の三柱の神が神功皇后に教えさとした」との記述がある。この国は神功の子である応神が支配する国であると住吉の神が言っていたということで、応神の正統性の主張に神まで持ち出してきている。神功・応神がいかに必死であったかがよく理解できる。


先述の歴史学者の塚口義信氏の『神功皇后伝説の研究』（創元社　一九八〇年）によれば、神功皇后を持ち上げて応神天皇の正統性を主張するように『帝紀・旧辞』を書き換えたのは、舒明天皇（六二九～六四一年）の七世紀前半のことであるとのことだ。というのは、舒明の和風諡号は〝オキナガタラシヒヒロヌカ〟で〝息長〟の氏族名を含んでいる。舒明天皇は敏達天皇と息長真手王の娘である広姫との子である押坂彦人大兄皇子の子で、息長氏系の天皇と見られていた。そのため息長氏系の神功・応神を皇室の始祖と考えて応神の正統性を主張するように『帝紀・旧辞』を書き換えたとしている。

確かに、舒明天皇の系統は天智・天武・持統につながっており、いわば『記・紀』は息長氏系の天皇の時代に編纂されたといえる。実際、天武天皇が制定した〝八色《やくさ》の姓《かばね》〟ではその筆頭の姓は真人という姓で、当時の天皇家と深い血縁関係にあると考えられていた十三氏に与えられたが、そのうちの六氏までが息長氏及び息長氏系の諸氏によって占められている。天武朝においては息長氏の力はかなり大きかったようである。

従って、息長氏にとっては始祖王でもある神功・応神の事績をよりよく見えるように、子孫である舒明朝あるいは天武朝の息長氏が書き換えたとしてもおかしくはない。舒明も天武も特に異議を差し挟むことはなかったはずである。

しかし、神功・応神の血統の格差及び仲哀の子であるのかどうかという応神の出自の問題について、舒明朝（七世紀前半）や天武朝（七世紀後半）の人間や『記・紀』編纂時の八世紀初頭の人が、深刻に受け止めることができたのだろうか。おそらく当時の神功・応神は極めて厳しい緊張の中で、応神の出自について畿内の豪族たちを納得させるために必死であったに違いない。だからこそ、住吉神の言葉も生まれてきた。そうした深刻さを八世紀の人間が、現実として受け止めることは不可能であったに違いない。

応神天皇の頃には王仁により文字が持ち込まれたとされている。政治の出来事を文字で記すということも始まっていたであろうし、それまで伝承されていた歴史上の出来事も記録され始めたに違いない。

そのような中で『書紀』の本《もと》となる『帝紀・旧辞』の神功皇后・応神天皇の部分の記事

をまとめたのは誰なのか。それは、神功皇后を偉大な女性としなければならなかった応神天皇の外には考えられない。朝鮮出兵関連の事績はすべて神功皇后の事績とすべく、神功摂政前紀及び神功摂政紀にまとめさせたのは、応神天皇以外には考えられない。仲哀天皇をあそこまで悪しざまに記録できる人間は、応神天皇以外には考えられない。それは応神の時なのかあるいは仁徳の時なのか、詳細な時代は不明であるが、〝偉大なる神功皇后〟は、やはり応神皇統のいずれかの時点で記録されたものと考えるべきではないだろうか。

ところで、『日本書紀』の編者が実年代を知っていたならば、なぜ神功皇后を『魏志倭人伝』の女王卑弥呼になぞらえたのだろうか。年代が一六〇年ほど違うことは十分に分かっていたはずだ。

これに対する筆者の答えは、『日本書紀』の編者は皇室の祖先が卑弥呼であることを暗示したかったのではないかというものである。『書紀』の編者は実年代を知っていた。『日本書紀』を読み分析する際にはこのことに留意する必要があると思われる。

第八章　なぜ二つの歴史書が創られたか

1. なぜ『古事記』撰録の経緯は公表されなかったのか?

なぜ『古事記』と『日本書紀』という二つの歴史書が作られたのだろうか。これ自体が、日本の古代史のひとつの謎だともいえる。

この点についての明快な説明は、筆者が勉強不足なのかもしれないが、これまで聞いたことがないように思う。『日本古典文学大系・日本書紀』の解説によれば、『古事記』の撰録と『日本書紀』の編修がどういう関係にあったかという点では、史料が乏しいため的確なことが分からず、古来多くの学説が入り乱れて定説を得ない状態であるとのことである。『古事記』は七一二年、『日本書紀』は七二〇年、共に八世紀初頭に完成している。この頃は律令体制が着々と整備されていく時代であった。例えば藤原京の造営は従来の宮づくりとは抜本的に異なっていた。当時の人々はその姿に非常に驚いたに違いない。単なる宮ではなく、それまでの日本にはなかった宮と町とを一体化させた中国式の大規模な都城の出現に、時代の大きな変革を感じ取ったと考えられる。それは一般の人々に対しても、律令に基づく新しい世の中に変わったことを否応なく知らしめることになった。

この律令体制を支えるものが貴族制・官僚制であった。日本の古代社会は中国とは違って、個人の能力によって成り上がることのない社会であった。おそらく古代の日本人にとっては、個人が成り上がるということなどは考えることさえなかったに違いない。日本は遣唐使を通じて中国からあらゆる文物を取り入れてきた。ところが、中国の科挙やそれに似た試験制度はついに導入されることはなかった。日本には純然たる個人の能力を評価する意識も仕組みもなかった。日本の歴史において個人の能力によって成り上がった例は、室町の末期もしくは戦国時代まで待たねばならない。

すなわち、日本古代の中央集権の律令時代においては、血の論理がパラダイムとして貫かれていた。先祖が何をしたのか、どういう者であったのか、その血をいかに引き継いでいるのかが、地位や職務の決定に重要な役割を果たしていた。

大化の改新（乙巳《いっし》の変）以前は豪族社会で、豪族が土地と人民を直接支配していた。そこでは姓の制度もあって、豪族の長あるいは長の一族として血統は当然重要視されていた。しかし豪族社会と律令体制との決定的違いは、豪族が土地、人民の支配権を剝奪されて、朝廷の組織構成員として位置づけられたことにある。そこでは、自分の存在価値を誇示するもの、他者との差別化を図るものは血統以外にはなくなってしまった。律令体制下では血統、つまり系譜の持つ意味は豪族社会におけるよりもさらに重くなった。

このように、日本の古代社会とは血統社会であり、先祖の歴史が貴族の地位を決定していた。従って、律令という新しい体制のもとでは、天皇家だけでなく各貴族の出自と経歴を明らかにする歴史書の編成・策定が、極めて重要かつ緊急の課題となることは当然のことであった。

『古事記』序文には天武天皇の言葉として次のように記されている。

「諸家の持ちたる帝紀及び本辞は、すでに正実に違えて多くの虚偽が加わっている。今、その誤りを改めずはいまだ幾年も経ずしてその旨が失われてしまう。帝紀及び本辞は邦家の経緯、王化の鴻基《こうき》である。従って帝紀を撰録し旧辞を討《たず》ね窮めて、偽りを削り実を定めて、後の世に伝えようと思う」

というもので、当時伝わっている『帝紀』『本辞』の状況について、天武天皇がかなりの危機感を持っていたことがうかがわれる。

同時に、天武天皇は「壬申の乱」という大乱を勝ち抜いて、実力でもって天皇の位に即いた人である。恐らく天武天皇には、始祖王という意識が強くあったものと考えられる。「天皇」という言葉自体もその意識による。それまでに「すめらみこと」という大王を指す言葉はあったようだが、それに「天皇」という文字を当てたのは天武天皇であるとのことだ。従って、天武天皇の頭の中には、新しい律令体制を円滑に効率的に運営するためには、何よりも正しい『帝紀』の撰録が必要だとの思いがあったのではないだろうか。

『帝紀』及び上古の諸事について詔を出した天武十年の六八一年は、聖徳太子が六〇七年に隋の煬帝《ようだい》に「日出るところの天子、日没するところの天子に書を遣わす。つつがなきや」との文書を送って、中国の冊封体制からの離脱を宣言してから七十四年が経過した時期で、白村江の敗戦の痛手も癒やされて唐との外交関係も修復された頃である。外国に向けてもあるいは国内に向けても、新しい律令国家にふさわしい正史を明らかにする必要性を天武天皇は考えていたのではないだろうか。

ひとつは、『帝紀』によって皇室の系譜と貴族たちの出自すなわち血統を明らかにするということ。もうひとつは、よく言われているように日本という国家の正史を策定すること。この二つのことが『古事記』と『日本書紀』という二つの歴史書の編纂につながったものと考えられる。これまでの歴史解釈においては、血統という側面からの分析は少なかったように思う。

ただ、『古事記』及び『日本書紀』の撰録、編纂の作業に向けての流れは今ひとつ明らかになっていない。現在明らかになっている『記・紀』編纂に関する記事を時系列に並べると次のようになる。

①『古事記・序』時期不明（天武十年か）。天武天皇が稗田阿礼《ひえだのあれ》に勅語《みことのり》して、帝皇日継《すめろきのひつぎ》と先代旧辞《さきつよのふること》とを誦《よ》み習はしめたまひき。

②『日本書紀』天武天皇十年（六八一年）三月、天皇、大極殿《おほあんどの》に御《おは》しまして、川島皇子・忍壁皇子・広瀬王・竹田王・桑田王・三野王・大錦下《だいきむ》上毛野君三千・小錦《せうきむ》中忌部連首・小錦下安曇連稲敷・難波連大形・大山《だいせん》上中臣連大島・大山下平群臣子首に詔して、帝紀と上古の諸事を記定《しるしさだ》めしたまふ。大島・子首、親《みづか》ら筆を執りて録す。

③『日本書紀』持統天皇五年（六九一年）八月、十八氏に詔して、その祖等《おやたち》の墓記を上進《たてまつ》らしむ。

④『古事記・序』和銅四年（七一一年）九月、元明天皇が太安万侶に「稗田阿礼が誦める勅語《みことのり》の旧辞《ふるごと》を撰び録して献上れ」と詔《のりたま》ふ。

⑤『古事記・序』和銅五年（七一二年）正月、太安万侶、古事記を撰録し元明天皇に献上《たてまつ》る。

⑥『続日本紀』和銅七年（七一四年）二月、従六位上の紀朝臣清人と正八位下の三宅臣藤麻呂に詔して国史を選修させた。

⑦『続日本紀』養老四年（七二〇年）五月、これより先に一品の舎人親王は、勅をうけて日本紀の編纂に従っていたが、この度それが完成し、紀三十巻と系図一巻を奏上した。

ここでまず浮かぶ疑問は、『古事記』撰録に関する天武天皇、元明天皇の詔は、すべて太安万侶が記した『古事記』の序文にしか記録されていないという点である。また『古事記』が完成して元明天皇に献上したことも、『続日本紀』には記録されておらず、『古事記』の序文で知るだけである。

昔の古事記偽書説はここから発想されたと思われるが、『古事記』の撰録がなぜ『日本書紀』『続日本紀』という正史にひと言も記されていないのだろうか。大きな違和感を持たざるを得ない。

また、天武天皇が稗田阿礼に勅語したのがおそらく天武十年（六八一年）であるのに対して、『古事記』が完成したのは和銅五年（七一二年）正月二十八日ということも疑問点として挙げられる。七一一年の元明天皇の詔からわずか四カ月と十日で『古事記』が完成したということは、すでに撰録はほぼ終わっていたということだと考えられる。太安万侶はなぜ三十年も天武天皇の詔を放っておいたのだろうか。

「帝紀及び上古の諸事を記定すべし」との天武天皇の詔が記載されている『日本書紀』天武十年の条を見てみると、拝命された人を見ればかなりの大事業となることが予想されていたと思われる。実際に、天武天皇の詔も、『日本書紀』が完成した時の奏上の記事も、それぞれ『書紀』と『続日本紀』に記載されている。

ところが、『古事記』撰録の経緯については、太安万侶の序において明らかにされているだけで、『書紀』にも『続日本紀』にも一切記述はない。『古事記』が完成して元明天皇に献上されたことさえ正史には記録されていない。これらの点については今後の課題となるが、非常に興味深い謎でもある。

津田左右吉は、天武天皇や元明天皇の終極の目的は『古事記』の編纂ではなく修史の大事業にあるとの考えから、『古事記』はもともと修史事業の一つの準備段階であったとしている。しかしその一方で、『記・紀』の記述の比較を通じた検証の結果、『日本書紀』の編述において『古事記』がどう扱われたかは明らかではなく、考えようによっては『古事記』によらねば書くことのできなかったようなところが『日本書紀』には認められないとも言っている。津田左右吉は意識してはいないのだろうが、この点は『古事記』の位置づけについて重要な示唆となっているように思う。

学界での議論の的となっていたことの一つは、先述の撰録・編纂の記事の時系列の①（太安万侶が天武天皇より詔を受けた）と②（天武天皇が川島皇子等に詔した）のいずれが先かということである。窺《うかが》い知るところでは議論は二分していたようである。『日本古典文学大系・日本書紀 上』の解説において、国文学者の小島憲之は①と②の同時期説、同一事業説を否定した上でこのように述べている。

「天武紀が先で、『古事記・序』の方が後だというのは平田俊春博士の説である。氏はいう。天武十年の帝紀及び上古諸事の記定事業は、混乱していた氏姓を正すためのものであったが、諸氏の利害が錯綜しているので、なかなか結論が得られなかった。

そこで天皇は改めて稗田阿礼を相手として、自らそのことを行った。その結果が天武十三年の八色の姓の制定となったのである。『古事記』は後に阿礼が誦み習ったことを筆録したものだから、天武十年の記定事業は『古事記』撰録の基となったものであると（『日本古典の成立の研究』）。

これに対し阿礼にさせた仕事が先で、川島皇子らのそれが後だとするのは筆者（小島憲之）の考えである。天皇は、初めに阿礼を助手として帝紀旧辞の削偽定実を行ったが、そのことが困難であったので、想を改めて川島皇子らの皇族貴族を集めた大規模の帝紀旧辞記定事業を始めたのである。（中略）十年の事業は正確にいうと書紀の資料の整備である。ただ帝紀と旧辞は『書紀』の資料の核心となったものである。その意味での帝紀旧辞の整備は、『書紀』編集作業の第一の階梯であると思う」

小島憲之の結論は、津田左右吉の『古事記』は『書紀』の準備段階という考え方に近いようである。筆者は稗田阿礼への勅語の記事を①としたように、①が先で、②の天武天皇の大極殿における詔の記事が後であると考える（分かりやすいようにもう一度ここに掲載する）。

②『日本書紀』天武天皇十年（六八一年）三月、天皇、大極殿《おほあんどの》に御《おは》しまして、川島皇子・

忍壁皇子・広瀬王・竹田王・桑田王・三野王・大錦《だいきむ》下上毛野君三千・小錦《せうきむ》中忌部連首・小錦下安曇連稲敷・難波連大形・大山《だいせん》上中臣連大島・大山下平群臣子首に詔して、帝紀と上古の諸事を記定《しるしさだ》めしたまふ。大島・子首、親《みづか》ら筆を執りて録す。

注：小学館『日本古典文学全集』版による。

この詔からまず第一に理解できることは、拝命する人々の顔ぶれである。二人の皇子を中心に高官が華々しく並んでいる。極めて重要な、大きな事業に取り組むという様子が伝わってくる。

特に注目すべき点は、『帝紀』と上古の諸事を記定《しるしさだ》めたとあることと、中臣大島・平群子首が親《みづか》ら筆を執って記録していたと記述されていることである。ここから理解できることは、天武天皇は『帝紀』と上古の諸事についての大枠を皇子や高官たちに教え諭し、その話を大島と子首は一生懸命に自ら記録していたということである。

天武天皇は『帝紀』と上古の諸事について具体的に言及できるだけの知識があったと考えられる。それは、「稗田阿礼に『帝皇日継』と『先代旧辞』を誦み習はしめた」時点では、その内容について十分に承知していたと考えるのが自然な推論である。

実際に、『古事記』序文にあるように。稗田阿礼が誦み習ったのは『旧辞』についての天武天皇の勅語である。天武天皇は『旧辞』についての明確な見識を持っていた。天武天皇が『旧辞』について語った勅語を阿礼は誦み習ったのである。すなわち『古事記』序文にいう「帝紀を撰録し旧辞を討《たず》ね窮めて、偽りを削り実を定めて」を行ったのは天武天皇であった。『古事記』の内容とは、天武天皇が確定した『帝紀・旧辞』であるといえる。

いずれにしても、稗田阿礼や太安万侶への詔が正史に記録されていないことは、それが公表されていなかったことを示すものと考える。なぜ公表されなかったのか、それは天武天皇の明確な意志であったと理解するしかないと考える。

『古事記』の撰録の経緯が公表されていなかったこと、津田左右吉が『日本書紀』を書くに際しては『古事記』は必要ではなかったという分析、これらのことからは一つの推論が浮かんでくるものの、それについてはこの章の「3．『古事記』と『日本書紀』はまったく別の物語」で再び触れたいと思う。

ここからは、『古事記』と『日本書紀』との違いについての分析を進めたいと思う。

2.『古事記』は血統書である

欠史八代の実在性を否定する人には、『記・紀』の系譜を論じたところで何の意味があるのかという話になるのかもしれない。しかし第一章でみたように、系譜の名前の中に「物語」が潜んでいることも多い。さらに「系譜」を比較することで『記・紀』のそれぞれの特徴が分かりやすくなる。

「大倭根子日子国玖琉命《おほやまとねこひこくにくるのみこと》、軽の境原宮に坐して、天の下を治めき。此の天皇、穂積臣等が祖、内色許男命《うつしこをのみこと》の妹、内色許売命を娶りて、生みし御子は、大毘古命。次に、少名日子建猪心命《すくなひこたけゐごころのみこと》。次に若倭根子日子大毘々命〈三柱〉。

又、内色許男命の女《むすめ》、伊迦賀色許売命《いかがしこめのみこと》を娶りて、生みし御子は、比古布都押之信《ひこふつおしのまことの》命《みこと》。

又、河内の青玉が女、名は波邇夜須毘売《はにやすびめ》を娶りて、生みし御子は、建波邇夜須毘古《たけはにやすびこの》命《みこと》〈一柱〉。此の天皇の御子等は、併せて五柱ぞ」

これは『古事記』孝元天皇の段の冒頭部分の記述である。一方、『日本書紀』孝元天皇の段の冒頭部分の記述は以下のとおりである。

「大日本根子彦国牽天皇《おほやまとねこひこくにくるのすめらみこと》は、大日本根子彦太瓊《ふとに》天皇の太子なり。母は細媛命《くはしひめのみこと》と曰し、磯城県主大目が女《むすめ》なり。天皇、大日本根子彦太瓊天皇の三十六年の春正月を以ちて、立ちて皇太子と為りたまふ。年十九なり。七十六年の春二月に、大日本根子彦太瓊天皇崩《かむあが》ります。元年の春正月に太子、即天皇位《あまつひつぎしろしめ》す。皇后を尊びて皇太后と曰す。

四年の春三月に、都を軽の地に遷したまふ。是を境原宮という。六年の秋九月に、大日本根子彦太瓊天皇を片丘馬坂《かたおかのうまさか》の陵《みささぎ》に葬《はぶ》りまつる。

七年の春二月に鬱色謎命《うつしこめのみこと》を立てて皇后としたまふ。

后、二男一女を生みたまふ。第一を大彦命と曰し、第二を稚日本根子彦大日日《わかやまとねこひこおほびび》天皇と曰し、第三を倭迹迹姫命《やまとととびめのみこと》と曰す。

妃《みめ》伊香色謎命、彦太忍信命を生む。

次妃、河内青玉繋《かけ》が女埴安媛、武埴安彦命を生む」

孝元紀の前半部分は第六章の開化紀と崇神紀との比較で述べたように、『書紀』の決まりごとのパターンでの記述となっているが、その後は、后が誰々を生み、妃が誰を生み、次の妃が誰を生んだと、生んだ人の位も記述している。これに対して『古事記』の記述はいかにも素っ気ないような書き方で、誰が誰を生んだと淡々と書き記している。そのうちの誰が天皇になったかは、生んだ御子の記述が終わってから述べられる。

『古事記』の特徴をひと言でいえば、それは「血統書」ということである。この血統、つまり系譜のことを現代の感覚で捉えてはいけない。古代の人にとって血統、系譜は自分の存在を規定するぐらいの重みのあるものであった。

この孝元記と孝元紀の比較からもよく分かることであるが、『古事記』では〈后〉として登場する人物は七人いるが、本文中には、天皇が誰それを后にしたという記述はほとんどない。また系譜の記述の中にも「后が生んだ」というような表現もない。『古事記』の関心はそこにはなく、『古事記』は「誰が、誰の子である誰々を生んだ」だけを書く。『古事記』は何よりも系譜つまり血統を重要視している。

従って、『古事記』には子供を生んだ女だけが記載される。『書紀』には子供を生んだ妃の名前が記され、その後に「亦の名は」と記されている場合がよくある。これらは概ね名前がまったく異なっている場合が多く、同一人物ではなくて子供を生むことのなかった別の妃の名と考えたほうが合理的であるように思う。

津田左右吉は『古事記及び日本書紀の研究』において、

「記紀ともに神武天皇から孝安天皇までは、皇子のみがあって、皇女が一人もないことになっているが、これもまた系譜が事実の記載でないことを示すもののようである」と述べている。しかし文字のない時代の伝承のなかに、すべての皇子・皇女の名があるほうがおかしいのではないか。伝承の目的は王統の系譜である。皇女の名を残さねばならない理由はなかったのではないだろうか。

おそらく欠史八代は、すべてが親子関係ではなかったと考えられる。いくつかの王族の間で、王統が変化したと考えられる。しかし、王統譜は極めて重要な伝承とされていたに違いない。古代からの伝承であるから、王統譜にも当然誤りがあるのではないかという考えがあるかもしれない。誤りがあるとすれば、なぜ『記・紀』に記された王統譜に、例えば「一書に曰く」の形で、まったく異なる系譜が残されていないのだろうか。例えば仲哀までの十四代にしても、系譜も名前もまさに一種類しか残されていない。そこに示された、王統譜の伝承への古代の人々の想いを重く受け止めるべきではないのだろうか。この点は、現代人の感覚で判断してはいけないところである。

それでも、古代の『記・紀』の系譜に信頼性があるのかという意見も多いと思う。この系譜の信頼性を考える場合には、稲荷山古墳から出土した鉄剣銘文が大きな参考となる。

鉄剣銘文には、四七一年にヲワケの臣が剣を作ったことと、上祖のオホヒコからヲワケまでの八代の系譜が記されている。オホヒコとは『古事記』では「大毘古」と記され、孝元天皇の子で開化天皇の兄とされる人物である。つまり五世紀半ば頃には各地の豪族においても、自分たちの出自を表す系譜が作成されていたことが推察できる。

オホヒコの弟とされる開化天皇は三五〇年頃に活躍した人と推定されるので、地方の豪族においても一二一年ほど前からの系譜が残っているということは、中央の豪族、ましてや大王家の系譜はそれよりも古い時代まで確実に残っていたものと考えられる。

神武天皇が活躍した時期が二七五年頃と推定されるので、神武天皇は四七一年からすれば、ほぼ二〇〇年前の人ということになる。地方の豪族において一二〇年前のオホヒコからの系譜が残されていたのだから、二〇〇年前の神武天皇以降の系譜も十分な信頼性を持って残されていたとしてもおかしくはない。ましてや、西暦四〇〇年前後には文字が入ってきている。神武天皇は文字が入ってきた頃からわずか一三〇年ほど前の時代の人間である。伝承化された記憶が文字化されて残っていても何らおかしくはないと考えられる。

また『日本書紀』允恭天皇四年九月条に、「盟神探湯《くがだち》を行った」との記述がある。允恭天皇は、

「上古は姓名に混乱はなく百姓が安寧であったが、今は誤って己の姓を失ったり、ことさらに高い氏を自認するなど氏姓は混乱している。今それを正しておかないと、今後その真偽を確かめることが困難となる」として盟神探湯を命じている。允恭天皇は四五〇年頃に活躍した天皇であるが、「上古に姓名に混乱はなく」ということで、各豪族の出自、系譜が上古の古い時代から残されていたことを明らかにしている。

『古事記』が血統書であるとすれば、『日本書紀』は日本という国家の正史である。そのために、年代については綿密に計算されて明示されている。その記述の仕方は、修飾の多い漢文の編年体で記述されており、当然中国などの外国でも読まれることを意識している。実際に『日本書紀』全三十巻のうち、第十四巻から二十一巻、第二十四巻から二十七巻及び第三十巻は中国人の手によって書かれている。ただし、文字の使い方は明らかに『古事記』のほうが古い文字を使用している。この点から考えると、『書紀』よりも『古事記』のほうが後世の脚色が少ないと考えてもよいのかもしれない。

『書紀』の記述の仕方は、天皇が誰の子であるかという母親の出自の記述から始まる。その後は、前後する場合もあるが、即位の年月、前天皇の葬りの祀り、新たに宮を設けた所、先の皇后の皇太后への呼称の変更、皇后を立てた年月、皇太子を立てた年月が記されている。これは正史としての記述方法ということだと理解できる。

ただし、前天皇の葬りについては、綏靖、崇神、景行紀では記されていない。応神朝以降では葬りの意味が若干異なってくるが、仲哀天皇あたりまではまだ葬りの祀りには《首長霊》の継承という意義が強かったことからすると、崇神、景行は前天皇の霊を継承していなかったことになる（綏靖は恐らく多芸志美美命が実施）。このことは正史の記述の中に隠された歴史の真相を示すものと考えられる。

また、『書紀』神代の本文においては、天照大神以外は「神」という言葉は使われず、すべて「尊」が使われている。これは天照大神を特別な存在としていると同時に、それ以外の神の神性を弱めることにつながっている。これは外国を意識して、神話としてではなく現実世界の歴史であるとの理解を得たいという対外的な面での対応だと考えられる。

反対に、『古事記』はすべて「神」としているものの、天照大御神だけは「御神」という表現でその存在の特別性を確保している。ただ天照大神については、『書紀』は「一書にいわく」において、大日孁貴《おおひるめむち》とか稚日孁尊《わかひるめ》、日神《ひのかみ》などの本来の古い形の名前を記しているが、『古事記』はすべて天照大御神に統一している。

『日本古典文学大系3・古代歌謡集』の中に、十一月に行われていた鎮魂祭《みたましずめまつり》の歌が記載されている。その九節ある歌の一節に、

「あちめ　おおお　上《のぼ》ります　豊日孁女《とよひるめ》が　御魂欲す　本は金矛　末は木矛」とある。井上光貞によれば、この豊日孁女は大日孁貴《おおひるめのむち》すなわち天照大御神を想起させる（『日本の歴史1　神話から歴史へ』より）とのことだが、安本美典氏は、これは「大日孁＝卑弥呼、豊日孁＝壱与《とよ》」との考えを示唆しているとしている（『卑弥呼の謎』より）。

筆者も安本氏と同じく、この豊日孁女は壱与を指していると考える。もし卑弥呼のことだとすれば「大日孁女」と謡われたのではないだろうか。いずれにせよ大日孁、豊日孁とされていたものが、『古事記』撰録のどこかの段階（定説では持統朝の時代とされている）で、古くから伝えられた名をすべて天照大御神に書き換えたものと考えられる。

もっとも、それは天照大御神だけでなく、高木神から高御産日神とか、天之御中主神や大国主神など、比較的新しい文字で表された極めて概念的な名を持つ神たちも、どこかの時点で名を改められたに違いない。

『古事記』の血統書そして『日本書紀』の正史という性格を如実に示す事例がひとつある。それは成務天皇の妃と子についてであるが、『古事記』は穂積臣の祖である建忍山垂根《たけおしやまたりね》の娘の弟財郎女《おとたからのいらつめ》が和訶奴気王《わかぬけのみこ》を生んだとしている。しかし『書紀』では成務天皇の妃と子の記述はまったくない。これは本来の系譜は『古事記』の記述どおりであると考える。しかし成務天皇の次は倭建命の子の仲哀天皇が継いでいる。本来なら成務天皇の子である和訶奴気王が天皇になるはずなのだが、何らかの理由があって仲哀が即位することになった。

正史の『日本書紀』からすれば、この皇位継承は正史にふさわしくない不都合なものと判断されたに違いない。これまで父子継承で記述されていたものが、なぜ甥《おい》に引き継がれることになったのか、誰もが疑問に思うであろう。もし、成務に子がないことになれば、仲哀への皇位継承も何ら不思議なことではなくなる。従って、正史の『書紀』では成務には子がないことにされたものと考える。

『記・紀』にはそれぞれ性格があるが、系譜については『古事記』に重点を置いて『日本書紀』と比較しながら分析することがベストな方法と考える。

3.『古事記』と『日本書紀』はまったく別の物語

日本古代文学者で東京大学名誉教授の神野志隆光氏は『古事記と日本書紀』の中で、

「『日本書紀』は陰陽の原理による世界の物語であり、イザナキ・イザナミに至る神々は天と地の間にあらわれており、天地の間で陰陽の気を受けて化成した神々で、イザナキ・イザナミ自体に運動力が内在している。一方の『古事記』は、高天原に成る神々を語る物語で、高天原のムスヒの力のもとにイザナキ・イザナミの活動もあり、ムスヒの力が働き続けるところで成り立つ世界を語っている。具体的には、『古事記』ではイザナミが死んでイザナキの黄泉の国へ行く話があるが、『日本書紀』ではイザナミが死ぬことはなく、従って黄泉国の話もなく、イザナキ・イザナミの二神で世界を生成する物語となっているのに対し、『古事記』は二神では完成されることのない物語である」

としている。

また、國學院大学の名誉教授である中村啓信氏の論文を引用して、

「『書紀』本文には「高天原」という語は一例も見られず（一ヵ所本文にある例は誤字であるとのこと）、『書紀』では天の世界が高天原と呼ばれることはない。そして、『古事記』は高天原に成った神の物語であるのに対して、『日本書紀』は天と地の始まりから語る物語であって、『古事記』と『日本書紀』は異なる世界観にもとづく異なる神話である」

と結論づけている。文学者の見方は非常に哲学的で馴染みにくい部分が多いが、『古事記』と『日本書紀』はまったくの別物であると断言している。

『古事記』と『日本書紀』のもっとも大きな相違点は、『古事記』には「一書に曰く」という書き方が行われていないことである。『日本書紀』は「一書に曰く」ということでさまざまな伝承を記述している。『古事記』にはそれがない。つまり、『古事記』とは単一の価値観の基に編成されている。それから、津田左右吉が『日本書紀』編纂に際しては、『古事記』を必要としたか必要としなかったかは不明で、『古事記』を参照することなく『日本書紀』を完成させたとも考えられるとしたことは前述した。

また井上光貞は『日本の歴史1　神話から歴史へ』の中で、天地創造、国生み、黄泉国、

表24　記紀対照表Ⅰ
（天地創造）

			古事記	日本書紀							
				本文	一書（異本）						
					一	二	三	四	五	六	七
A		天之御中主神	1					3			
		高御産巣日神他	2					4			
B	a	天地部判		1	（1）		（1）	（1）		（1）	
	b	葦芽	3	2		1	1		1	2	
		天之常立尊	4							3	
		国之常立尊	5	3	2	2	（2）	2	2	4	
	c	宇比地邇神他	6	4		3					1
		角杙神他	7								2
		意富斗能地神他	8	5							
		於母陀流神他	9	6							
		伊邪那岐命									
		伊邪那美命	10	7							4

（　）は同類の思想および神名　井上光貞『日本の歴史１　神話から歴史へ』より

天の岩屋戸、国譲り、天孫降臨、木花之佐久夜毘売、海幸・山幸の八種類の物語について、**表24**のように、それぞれ『記・紀』の記述順位の比較表を作成しているが、それによれば、『古事記』と『日本書紀』で完全に一致するところはまったくないということである。しかも、『古事記』撰録、献上の経緯は公表されてはいなかった。

　これらの点を考慮すれば、『古事記』と『日本書紀』は互いに無関係に編纂が進められたと考えるべきではないのだろうか。そして、『古事記』が公表されなかったのは、それが天皇家だけの伝承、価値観で編纂されているからと考えるべきではないのか。

　なぜか？　それは『古事記』は血統書

であって、皇室が各貴族の血統、系譜を判断するための基本文書であったと考えるからである。

律令制の定着により、時代は貴族制、官僚制へと完全に移管した。その貴族や官僚を効率よく運用できるよう、天皇が適正に判断できるようにするために『古事記』は作られた。こう理解するのがもっとも妥当であると考えられる。

最後に……

第一章では、「卑字名」についての解釈により、大和盆地を統一したのは神武天皇ではなく孝霊天皇であったこと、そして神武天皇と欠史八代は実在したこと。

第二章では、平均在位年代論により、天照大御神の年代は卑弥呼が活躍していた時代に相当すること。

第三章では、邪馬台国は北部九州にあったこと。

第四章では、「邪馬台国畿内説」の検証と批判。

そして第五章では、邪馬台国から大和王権に至る道として、神武皇統は投馬国系であり、一方の崇神皇統は邪馬台国系であって、東遷の時期も異なっていたこと。

第六章では、〝謎の四世紀〟に何があったのかを探り、皇統の変遷を明らかにしたこと。

第七章では、『日本書紀』には年代工作が行われており、朝鮮出兵関連の記事はすべて神功皇后の事績として記録されていること。

第八章では、『古事記』と『日本書紀』という二つの歴史書が作られた背景と『古事記』が実は血統書であったこと。

以上、これらのことを中心に、それぞれの章において筆者のオリジナルの見解を述べてきた。

おそらく「蝿の姉妹」などについては、従来の歴史学界では思いも寄らない新説であると思うし、『日本書紀』の神功紀・応神紀における年代工作などは、これまで誰も考えなかった新説であろう。

こうしたことは、『記・紀』を丁寧に読み解けばおのずから明らかになると思うのだが、どうも歴史学者の皆さんの考え方は、「学界」という枠に閉じ込められ、学界の通説、定説、いわば先入観に捉われ過ぎているように思う。

これらの筆者のオリジナルな〈真説〉は、いわば歴史学者の皆さんへの挑戦状でもある。歴史学者のどなたかが、この挑戦を受けてくれるのなら望外の喜びというものである。

（了）

参考文献

浅見徹「古事記の書法」『日本古典文学全集』月報37掲載　一九九七年
新井宏「箸墓年代の歴博正式論文批判」（論文）『季刊邪馬台国』１０２号　二〇〇九年
市村其三郎『秘められた日本　歴史の源頭に立つ女王と若がえる日本の紀元』創元社　一九五二年
井上光貞『日本国家の起源』岩波新書　一九六〇年
井上光貞『日本の歴史１　神話から歴史へ』中央公論　一九六五年
上田正昭『日本神話』岩波新書　一九七〇年
上田正昭『倭国の世界』講談社現代新書　一九七六年
宇治谷猛訳『続日本紀』講談社学術文庫　一九九二年
大林太良『邪馬台国　入墨とポンチョと卑弥呼』中公新書　一九七七年
奥野正男『邪馬台国発掘』二十一世紀図書館　一九八三年
柏原精一『邪馬台国物産帳』河出書房新社　一九九三年

川越哲志編『弥生時代鉄器総覧』
神野志隆光『古事記と日本書紀「天皇神話」の歴史』講談社現代新書　一九九九年
倉野憲司校注『古事記』岩波文庫　一九六三年
近藤義郎『前方後円墳の成立』岩波書店　一九九八年
佐竹昭広ほか『万葉集』岩波文庫
重松明久『日本神話の謎を解く』二十一世紀図書館　一九八三年
谷川健一『白鳥伝説』集英社　一九八六年
塚口義信『神功皇后伝説の研究』創元社　一九八〇年
塚口義信『ヤマト王権の謎をとく』学生社　一九九三年
津田左右吉『建国の事情と万世一系の思想』毎日ワンズ新書　二〇一八年
津田左右吉『古事記及び日本書紀の研究』毎日ワンズ新書　二〇一八年
都出比呂志『古代国家はいつ成立したか』岩波新書　二〇一一年
土橋寛『日本古典文学大系3・古代歌謡集』岩波書店　一九五七年
鳥越憲三郎『大いなる邪馬台国』講談社　一九七五年
西川寿勝『邪馬台国――唐古・鍵遺跡から箸墓古墳へ――』雄山閣　二〇一〇年
原島礼二『古代の王者と国造』教育社歴史新書　一九七九年
弘中芳男『古地図と邪馬台国』六一書房　一九八八年

水野裕『大和の政権』教育社歴史新書　一九七七年
水野正好ほか『邪馬台国―鍵遺跡から箸墓古墳へ―』雄山閣　二〇一〇年
村岡倫『混一彊理歴代国都之図と日本』（龍谷大学アジア仏教文化研究センター
ワーキングペーパーNO15‐03）二〇一六年
森浩一『倭人伝を読む』中公新書　一九八二年
森浩一編『日本の古代2・列島の地域文化』中公文庫　一九九五年
安本美典『神武東遷』中公新書　一九六八年
安本美典『卑弥呼の謎』講談社現代新書　一九七二年
安本美典『応神天皇の秘密』廣済堂出版　一九九九年
安本美典『「邪馬台国＝畿内説」「箸墓＝卑弥呼の墓説」の虚妄を衝く！』
宝島新書　二〇〇九年
吉田晶『吉備古代史の展開』塙書房　一九九五年
鷲﨑弘朋「木材の年輪年代法の問題点」（論文）『東アジアの古代文化』１３６号
二〇〇八年
『日本古典文学全集1・古事記　上代歌謡』小学館　一九九七年
『日本古典文学全集・日本書紀』小学館　一九九四年
『文藝春秋・平成三十年九月特別号』文藝春秋社　二〇一八年

参考文献

『日本古典文学大系・日本書紀』岩波書店　一九六七年
『季刊邪馬台国 一〇四号』梓書院　二〇〇八年
『倭国伝』講談社学術文庫　二〇一〇年

著者プロフィール

横地 実（よこち みのる）

1949（昭和24）年生まれ。
愛知県名古屋市出身、在住。
1974（昭和49）年、名古屋大学文学部卒業。
同年、名古屋トヨペット㈱入社。
1998（平成10）年、ネッツトヨタ中京㈱転籍。
2014（平成26）年、ネッツトヨタ中京㈱常務取締役退任。
2015（平成27）年、しんあいち歴史研究会入会。
現在は会誌の編集を担当。

目から鱗の日本古代史

2024年12月15日　初版第１刷発行

著　者　横地 実
発行者　瓜谷 綱延
発行所　株式会社文芸社
〒160-0022　東京都新宿区新宿1－10－1
電話　03-5369-3060（代表）
03-5369-2299（販売）

印刷所　株式会社フクイン

ISBN978-4-286-25930-7